Kurt Ossian Needon

Jacob Wimphelings pädagogische Ansichten in Zusammenhang dargestellt

Kurt Ossian Needon

Jacob Wimphelings pädagogische Ansichten in Zusammenhang dargestellt

ISBN/EAN: 9783743646391

Hergestellt in Europa, USA, Kanada, Australien, Japan

Cover: Foto ©Suzi / pixelio.de

Weitere Bücher finden Sie auf **www.hansebooks.com**

Jacob Wimphelings
pädagogische Ansichten

im Zusammenhange dargestellt.

Inaugural-Dissertation

zur

Erlangung der Doktorwürde

bei der

philosophischen Fakultät der Universität zu Leipzig,

vorgelegt von

Kurt Ossian Needon.

Vita.

Ich, Kurt Ossian Needon, bin geboren am 4. April 1870 zu Dresden; erhielt meine Ausbildung auf dem Königlichen Gymnasium zu Dresden-Neustadt und besuchte seit 1890 die Universität Leipzig, wo ich Theologie, Geschichte und Pädagogik studierte. Besondere Förderung verdanke ich den Herren Professoren: † Arndt, Brieger, Buhl, Busch, Fricke, Guthe, Hauck, Heinze, Hofmann, Lamprecht, Luthardt, † Maurenbrecher, Rietschel, Volkelt, Wundt. Allen genannten Herren sei auch hier nochmals wärmster Dank abgestattet. Im Sommer 1893 legte ich die erste theologische Prüfung ab, Januar 1895 bestand ich mein Oberlehrerexamen, Michaelis 1895 die zweite theologische Prüfung.

Inhaltsangabe.

	Seite
Verzeichnis der besonders häufig benutzten Bücher	VII
Einleitung	1
Die bisherigen Arbeiten	1
Lebens- und Bildungsgang Wimphelings	3
Seine Schriften	7
Der Gang der Arbeit	9
Erster Teil. Die Erziehung in Haus und Schule im allgemeinen	10
Erziehung in der Familie	10
Erziehung der Mädchen	11
Schulerziehung	12
Arten der Schulen	12
Die Lehrer	13
Zweiter Teil. Das Objekt und das Ziel der Erziehung	16
I. Die Seele	17
a) Moralische Gesamtanlage derselben	18
b) Intellektuelle Anlage	21
II. Das Ziel der Erziehung	23
Möglichkeit und Notwendigkeit der Erziehung	24
a) Die Tugend als Ziel	25
b) Andere Ziele	26
c) Eloquenz	27
α) Wert der Alten	27
β) Wert der lateinischen Sprache	29
d) Körperliche Erziehung	31
Dritter Teil. Mittel der Erziehung	33
I. Zucht	33
II. Unterricht	36
a) Allgemeine Unterrichtsmethode	36
Der Unterrricht zu Wimphelings Zeit	38
1. Interesse	40
α) Unmittelbares Interesse	40
β) Mittelbares Interesse	43

	Seite
II. Konzentration des Unterrichts	45
α) Ein Lehrer	45
β) Eine Methode	46
γ) Einheit durch die lateinische Sprache	46
δ) Andere Fächer	47
b) Spezielle Unterrichtsmethode	48
I. Lateinische Sprache	48
α) Verwendung des Deutschen dabei	48
β) Aussprache	49
γ) Wortschatz	49
δ) Grammatik	50
ε) Lektüre	50
ζ) Kanon der Schriftsteller	51
η) Erklärung der Schriftsteller	52
II. Andere Fächer	55
α) Religion	55
β) Logik	56
γ) Realien des Altertums	56
δ) Geschichte	57
ε) Geographie	57
ζ) Deutsch	58
Schluss	59
I. Stellung Wimphelings in der Geschichte der Pädagogik	59
II. Seine Verdienste	61

Jacob Wimphelings pädagogische Ansichten
im Zusammenhang dargestellt.

Verzeichnis der besonders häufig benutzten Bücher:

1. **Schriften Wimphelings**: Isidoneus Germanicus (1497). Adolescentia (gedruckt Strassburg 1505). — Diatribe ... de proba institutione (gedr. Hagenau 1514). — Elegantiarum medulla (Leipz. 1506). — Elegantiae maiores (1509). — Germania ed. Moscherosch 1649 (dieses Buch von der Universitätsbibliothek zu Leipzig). — Tutschland, her. v. Moscherosch 1648. Rerum Germanicorum Epitome 1593. Agatharchia 1506 (in einem Band mit andern Schriften S. 181 ff.; sämtlich von der Dresdner Kgl. Bibliothek). Ferner: Riegger, Amoenitates Litterariae Friburgenses 1775, 1776. Germania von J. W. übers. u. erläut. von Ernst Martin. 1885. J. W.s pädagogische Schriften, übers., erläutert und mit einer Einleitung versehen von Joseph Freundgen (in Sammlung der bedeutendsten pädagog. Schriften, Bd. 13). Paderborn 1892.

2. **Schriften über Wimpheling**: P. v. Wiskowatoff, J. Wimpheling, sein Leben und seine Schriften. Berlin 1867. — Bh. Schwarz, J. Wimpheling, der Altvater des deutschen Schulwesens. 1875.

3. **Andere Schriften**: Erhard, Geschichte des Wiederaufblühens wissenschaftlicher Bildung 1827 ff. — Burkhard, Kultur der Renaissance in Italien u. Deutschland. 1887. — L. Geiger, Renaissance u. Humanismus in Italien und Deutschland. (Oncken, Allgem. Geschichte II, 8.) 1882. — Voigt, Wiederbelebung des klassischen Altertums. 3. Aufl. 1893. — K. A. Schmid, Geschichte der Erziehung von Anfang an bis auf unsere Zeit II, 2. 1889. — Ch. Schmid, Histoire littéraire de l'Alsace etc. Paris 1879. — Schiller, Lehrbuch der Geschichte der Pädagogik. 2. Aufl. 1891. — Kämmel, Geschichte des deutschen Schulwesens u. s. w. 1882. — Cramer, Geschichte der Erziehung u. des Unterrichts in den Niederlanden 1843. —

Reichling, Joh. Murmellius. 1880. — Fr. Zarnckes Ausgabe von Seb Brants Narrenschiff. 1854. — Paulsen, Geschichte des gelehrten Unterrichts 1885 und 2. Aufl. Bd. I 1896. — Glöckner, Das Ideal der Bildung und Erziehung bei Erasmus v. R. 1889.

Anmerkung. Die deutschen Citate aus Wimphelings Schriften sind zumeist nach Freundgens Übersetzung gegeben.

Einleitung.

Die bisherigen Arbeiten.

In allen Darstellungen der Geschichte der Pädagogik sowie in allen grösseren Werken über den deutschen Humanismus wird man wohl einiges über Jacob Wimpheling finden; zumeist allerdings nur wenige Worte.

Zuerst hat Erhard[1]) etwas ausführlicher sich mit ihm beschäftigt; nachdem allerdings Riegger[2]) schon ein ganz stattliches Material zur Kenntnis Wimphelings zusammengetragen hatte.

Erhard schildert Wimphelings Ansichten über Erziehung besonders im Anschluss an die Adolescentia, von deren wichtigsten Kapiteln er einen Auszug giebt. — Fr. Zarncke[3]) erklärt seinen Isidoneus Germanicus für die erste rationelle deutsche Pädagogik und Methodik. — Die erste ausführliche Monographie über Wimpheling verfasste Paul von Wiskowatoff.[4]) Er sieht, wie schon der Titel seiner Schrift sagt, in Wimpheling mehr den Humanisten als den Pädagogen, hebt aber bei Besprechung der einzelnen Schriften hervor, dass Wimpheling noch nicht zur rechten humanistischen Wertschätzung des klassischen Altertums durchgedrungen sei und in mönchischer Beschränktheit nur von Nützlichkeitserwägungen getrieben werde.[5]) Sein Bestreben ist sodann, ihn den Reformatoren möglichst nahe zu rücken.

Bernhard Schwarz[6]) legt ihm den Namen eines Altvaters des

---

[1]) Geschichte des Wiederaufblühens wissenschaftlicher Bildung, I. Bd., S. 428 ff., bes. S. 435 ff.
[2]) Riegger, Am. Litt. Frib.
[3]) Seb. Brants Narrenschiff. S. 353.
[4]) J. W. Sein Leben und seine Schriften. Ein Beitrag zur Geschichte der deutschen Humanisten. 1867.
[5]) Wiskowatoff, S. 67 ff.
[6]) Jacob Wimpheling, der Altvater des deutschen Schulwesens. Gotha 1875.

deutschen Schulwesens bei; sicher mit Unrecht, denn dazu ist seine Wirksamkeit nicht tief und weit genug gewesen. Schwarz sucht ihn, im Gegensatz zu Wiskowatoff, hauptsächlich als Pädagogen zu schildern, ist ein eifriger Lobredner Wimphelings, verfällt aber in den Fehler, in seine Worte zuweilen mehr hineinzulegen als darin liegt. Überdies hat er es nicht zu einer systematischen Darstellung der Ansichten Wimphelings gebracht, er begnügt sich damit, im zweiten Teil seines Buches, wo man eine solche sucht, den Inhalt der einzelnen pädagogischen Schriften in ausführlichem Auszug wiederzugeben.

Hartfelder[1]) nennt ihn den pädagogischen Wortführer der oberdeutschen Humanisten, charakterisiert im Anschluss besonders an Isidoneus und Adolescentia seine Ansichten nach verschiedenen Seiten hin, bietet aber zu wenig. — Paulsen[2]) zeichnet in seiner knappen, geistreichen Weise ein ziemlich klares Bild des Humanisten und Schulmanns. Er schildert ihn als Gymnasialpädagogen, behandelt also besonders seine Anschauungen über den Betrieb des Lateinunterrichts im Anschluss an den Isidoneus, über dessen Inhalt er kurz berichtet.[3]) — H. Schiller[4]) wird Wimpheling nicht ganz gerecht, wenn er seine pädagogischen Anschauungen meist nur als Abklatsch Quintilianischer Ansichten ansieht und von einer humanistischen Seite bei Wimpheling nichts erkennen will.[5]) Die Abhängigkeit von Quintilian ist etwas allen humanistischen Pädagogen Gemeinsames; wir finden sie auch bei Erasmus, dessen Bedeutung als Pädagog wohl ausser Frage steht; sie hindert übrigens nicht, dass hinter den eklektisch zusammengetragenen Äusserungen eine besondere und beachtenswerte pädagogische Anschauung sich verbirgt.

Es ist, meine ich, ganz begreiflich — bei der Abhängigkeit aller humanistischen Schriftsteller von den alten Klassikern und bei der Abhängigkeit wenigstens der früheren Humanisten auch von den Italienern der Renaissance —, dass auch Wimpheling nicht durchaus selbständig ist; und wenn er sehr oft die Schriften der Alten zitiert, so ist das wiederum noch nicht ohne weiteres ein Beweis, dass er nichts Eigenes bringt; es ist nur der allgemeine Brauch seiner Zeit, dem er damit folgt; wodurch er seinen Ansichten in den Augen seiner Zeitgenossen allein grösseres Ansehen verschaffen konnte. Er führt übrigens ebensogut Kirchen- und Profanschriftsteller späterer Zeit an; wo er aber über Erziehung redet, gehen seine Äusserungen zumeist auf Cicero und Quintilian

---

[1]) Bei K. A. Schmid, Geschichte der Erziehung II, 2., S. 68 ff.
[2]) Geschichte des gelehrten Unterrichts, S. 36—38. — 2. Aufl., Bd. I, S. 62—63.
[3]) S. 37—38.
[4]) Lehrbuch der Geschichte der Pädagogik.
[5]) S. 90.

zurück. Trotz allem ist er auch hier selbständiger als es beim ersten Anblick erscheinen mag. Er begnügt sich auch nicht, wie viele Italiener und auch R. Agrikola und andere Deutsche mit einer eleganten Epistel über die gelehrten Studien; er ist gründlicher, geht mehr ins einzelne, und so unsystematisch er nach unsern Begriffen auch ist (die Anlage seiner Schriften beweist den Mangel philosophischer Schulung recht deutlich), so liegt doch ein gewisses System seinen Anschauungen zu Grunde.

Eine systematische Darlegung seiner pädagogischen Ansichten und eine Zurückführung derselben auf eine, wenn auch zumeist nicht vollbewusste pädagogisch-psychologische Theorie, die in den bisherigen Arbeiten über Wimpheling noch nicht gegeben ist, soll in dieser vorliegenden Arbeit versucht werden.

Nur kurz wollen wir uns die Hauptsachen aus Wimphelings Leben vor Augen führen, wenigstens soweit wir daraus einen Einblick in sein Wirken als Pädagog und in das Werden seiner pädagogischen Ansichten gewinnen.

Lebens- und Bildungsgang Wimphelings.

Jacob Wimpheling war in Schlettstadt geboren und zwar 1450[1]), also in einer Zeit, wo der Humanismus in Deutschland noch in seinen Anfängen war. Wimpheling begann seine Wirksamkeit als Gelehrter, Reformator und Lehrer in der Zeit, als die Humanisten erst anfingen die Universitäten zu erobern, er beschloss sein Leben 1528, in einer Zeit, als der Humanismus sich gleichsam ausgelebt, seine Aufgabe erfüllt hatte. Doch umfasst die Zeit seiner hauptsächlichen pädagogischen Wirksamkeit nur die Jahre 1480 bis etwa 1510.[2]) Seine bedeutendsten Schriften, der Isidoneus Germanicus und die Adolescentia erschienen noch vor Ablauf des 15. Jahrhunderts; also in einer Zeit, wo der Humanismus noch mit dem Alten rang. Schon das scheint mir die Bedeutung und die Eigenart Wimphelings einigermassen zu kennzeichnen; er ist ein Vorläufer und Bahnbrecher für die Gedanken des Humanismus, einer der ersten Theoretiker und Begründer einer neuen Pädagogik in Deutschland, aber eben darum können wir auch noch nicht die Eigenart der humanistischen Auffassung vollkommen klar erwarten, wie etwa bei Erasmus.

---

[1]) Vgl. zu den Angaben über Wimphelings Leben seine Expurgatio contra detractores bei Riegger, Amoenitates fasc. III, ferner Wiskowatoff.

[2]) In diese Zeit fällt seine Hauptthätigkeit als Lehrer, sowie seine schriftstellerische Thätigkeit als Pädagog. 1493 erschienen seine ersten pädagogischen Schriften, seine letzte grössere, die Diatribe, verfasste er 1512. Um diese Zeit zog er sich überhaupt mehr und mehr zurück, was schon daraus hervorgeht, dass er an dem Streit zwischen Reuchlin und den Dominikanern keinen Anteil nahm.

Vergegenwärtigen wir uns, um dies zu verstehen, Wimphelings Bildungsgang.

Wimpheling hat seinen ersten Unterricht auf der Schule zu Schlettstadt genossen. Nach allem, was wir wissen, war diese Schule zu jener Zeit in hoher Blüte.[1])

Was wir über den Lehrbetrieb in dieser Schule wissen, hat zumeist in Wimphelings Schriften seine Quelle.[2]) Dennoch war die Schule zu Schlettstadt durchaus keine humanistische Bildungsanstalt im Sinne der Renaissancezeit, im Sinne des Erasmus. Ihr Unterricht wurde im wesentlichen noch in mittelalterlicher Weise betrieben; aber doch mit einem bedeutsamen Unterschied. Ludwig Dringenberg[3]), Wimphelings verehrter Lehrer, beschränkte sich in seinem Lehrstoff auf das den Schülern Notwendige und Verständliche. Er vermied die thörichten Ausartungen, wie sie in jener Zeit vielfach vorgekommen zu sein scheinen. Er verwarf alle die Glossen und langen Kommentare zu Donat und Alexander, ja er wählte auch aus diesen Lehrbüchern nur das Nötige aus und quälte die Schüler nicht mit Erklärungen, Einwürfen und Beweisführungen. Er suchte sie vielmehr möglichst schnell zur Gewandtheit in der lateinischen Sprache zu bringen. Darum hielt er auch nichts von den damals zahlreich auftauchenden und von den Buchhändlern mit grossen Worten angepriesenen Büchern und Erklärungsschriften. — So kennzeichnet Wimpheling seines Lehrers Thätigkeit; wir werden sehen, es sind dieselben Gedanken, die er selbst in seinen methodischen Schriften vertritt, wie er denn auch ausdrücklich erklärt, dass er die Methode seines Lehrers Dringenberg befolge[4]), der 40 Jahre nach ihr gelehrt und, wie sich aus der stattlichen Reihe berühmter Männer, die seine Schüler gewesen seien, ergebe, grossen Erfolg damit gehabt habe.

In der weisen Beschränkung auf das Nützliche und mehr noch in dem religiösen Geist, der in der Schlettstadter Schule herrschte, mag sich der Einfluss der Hieronymianer auf diese Schule zeigen. Durch die in Schlettstadt empfangenen Eindrücke ist wohl auch das kräftige nationale Empfinden Wimphelings mit erzeugt worden[5]); denn Dringenberg scheint ein sehr vaterlandsliebender und für das deutsche Volk und seine Geschichte begeisterter Mann gewesen

---

[1]) Vgl. dazu: Schmid, Encyklop., 7. II, S. 121 (von A. Lange und Schrader), ferner die Dissertation von Strüver. (1880). Die Schule zu Schlettstadt.
[2]) Vgl. besonders Isidoneus, cp. 16, fol. VII.
[3]) Vgl. bes. Strüver, S. 19 ff.
[4]) Es ist entschieden falsch und viel zu viel behauptet, wenn Schiller S. 90 sagt: Also nach der humanistischen Seite wurde Wimpheling von Dringenberg nicht angeregt. Soweit dieser Humanist war, war es jener sicher auch.
[5]) Vgl. den Merkvers über die Schlachten Karls des Kühnen. Epitome rer. Germ. cp. 57.

zu sein. — Ein klassisches Latein aber hat Wimpheling sicher von ihm nicht gelernt und sehr gross wird seine Kenntnis der Schriften des Altertums nicht gewesen sein, als er 1464 die Universität Freiburg bezog. Sie war damals noch durchaus unter der Herrschaft der Scholastik[1]), erst später, nachdem Wimpheling diese Stadt verlassen hatte, kam auch hier der Humanismus auf.[2]) Wegen der Pest verliess Wimpheling Freiburg (die Baccalaureatswürde hatte er schon hier erworben) und ging zur Fortsetzung seiner Studien nach Erfurt. Da aber sein Aufenthalt hier, wo der Humanismus schon grösseren Einfluss besass, nur kurze Zeit währte, so können wir auch nicht eine grosse Wirkung desselben auf Wimpheling annehmen. Erst in Heidelberg, wo er sich etwa seit 1469 aufhielt, ist er in nähere Berührung mit humanistisch gesinnten Männern gekommen, deren später eine Anzahl mit ihm zugleich als Lehrer an dieser Universität wirkten, so Joh. v. Dalberg und Rud. Agricola, freilich stand Wimpheling zu ihnen wohl weniger im Verhältnis eines Schülers als eines Kollegen, dennoch ist gewiss ihr Einfluss auf ihn nicht zu unterschätzen. Hat er z. B. auch selbst nicht Griechisch gelernt[3]), was Agricola sicher kannte, so hat er doch wenigstens etwas von der Schönheit dieser Sprache und ihrer Wichtigkeit für eine rechte Kenntnis des Altertums gehört, denn er empfiehlt sie später den Lehrern zum Studium.[4])

Neben den philosophischen Fächern trieb Wimpheling in Heidelberg das Studium des geistlichen Rechts und, da ihn dies nicht zu fesseln vermochte, theologische Studien. Doch ist er dabei nicht einseitig geworden; wir sehen aus seinen Schriften, dass er mit Eifer auch die Klassiker des Altertums studiert hat; gewiss angeregt durch das in seiner Zeit überhaupt erwachende Interesse für die klassische Litteratur.

So finden wir ihn denn auch, obgleich er 1483 die theologische Lizentiatenwürde erwirbt, als Mitglied der Artistenfakultät, in der er 1479 Dekan wird, im Jahre 1481 ist er Vorsteher des Artistenkollegiums. Dass er für eine Einführung der humanistischen Studien, der Poetik und Rhetorik, thätig gewesen ist, dafür ist eine Rede: Oratio ad Gymnosophistas etc. Beweis, in der er die Vorteile der Erlernung der lateinischen Sprache und der Kenntnis der alten Redner für das deutsche Volk ausführt.[5]) Besonders auf Cicero und Quintilian weist er hin, zwei Autoren, auf die er sich auch später, wie andere Humanisten auch, gern beruft. Gerade diese beiden sind aber die Repräsentanten eines

---

[1]) Wiskowatoff, S. 27 ff.
[2]) Paulsen, S. 94—96, und zwar erst ziemlich spät. (1. Aufl.)
[3]) Isidoneus cp. 25. Die Anführung einiger griechischer Buchstaben deutet vielleicht darauf, dass er es damals lernte.
[4]) Ibidem.
[5]) Vgl. die Analyse dieser Schrift bei Wiskowatoff, S. 36.

klassischen Lateins, Cicero als Muster rednerischen Stils, Quintilian als Theoretiker der Rhetorik. Die Bildung eines besseren lateinischen Stils dürfte das Ziel der Wirksamkeit Wimphelings in der philosophischen Fakultät Heidelbergs gewesen sein. — Damit steht auch in Übereinstimmung, dass die ersten von ihm verfassten pädagogischen Schriften der Stilistik gelten, seine Elegantiarum medulla 1493 (später in etwas veränderter Gestalt als Elegantiae maiores) und de arte poetica, ebenfalls vor dem Isidoneus Germanicus erschienen.

Hatte sich Wimpheling in seiner Heidelberger Zeit der humanistischen Richtung angeschlossen, so blieb er doch auch stets seinen theologischen Studien treu; er ist in Ansichten und Leben ein getreuer Katholik, ein Eiferer für die Lehren der Kirche, ein Verehrer ihres Bildungs- und Lebensideals geblieben.[1]) So hat er denn im Leben wie in seinen Schriften sich nie zu der Freiheit und Entschiedenheit der Auffassung, wie wir sie bei den Aposteln des Humanismus, den wanderlustigen Poeten, so bei Peter Luder, und den grossen Gelehrten des späteren Humanismus, einem Reuchlin, Erasmus oder Melanchthon, finden, erheben können. Ersteren gegenüber mag er zaghaft und inkonsequent, letzteren gegenüber unbedeutend erscheinen, ein Vertreter des humanistischen Bildungsideals bleibt er darum doch. Allerdings ist er als Humanist im wesentlichen auf dem Standpunkt der achtziger Jahre des 15. Jahrhunderts stehen geblieben. Der Umfang und die Tiefe der Kenntnisse, wie er sie in dieser Zeit erreicht hatte und der ganzen Lage der Zeit nach erreichen konnte, sind es, die wir auch späterhin bei ihm finden. So erklärt sich seine kirchliche Befangenheit, so auch sein wenig entwickeltes ästhetisches Urteil.[2]) Dazu trug auch nicht wenig der Umstand bei, dass er kein Griechisch konnte. — Aus dem allen erklärt sich auch, wie er später mit anderen Vertretern des Humanismus in Streit geraten konnte, so mit Locher (Philomusus) im Jahre 1505.

Wimpheling wurde im Jahre 1484 dem akademischen Leben entfremdet, zunächst ging er nach Speier, wo er die Stelle eines Predigers an der Kathedralkirche erhielt.[3]) Bis zum Jahre 1498 ist er hier geblieben. Während dieser Zeit ist er aber seinem Lieblingsberuf, dem Lehren, sicher nicht ganz entfremdet worden, hat er doch in ihr seinen Isidoneus Germanicus und andere grammatische und pädagogische Schriften verfasst und gewiss mag

---

[1]) Die Forderungen der vita religiosa erhebt er mit aller Strenge und fordert ihre Befolgung durch den Klerus; er selbst zeigt Neigung zum mönchischen Leben und hatte sogar die ernstliche Absicht das Leben eines Einsiedlers zu führen, im Jahre 1497 und 1501.
[2]) Man braucht hier nur seinen Kanon von Schriftstellern anzusehen; vgl. weiter unten.
[3]) Wiskowatoff, S. 40.

es ihm auch an praktischer Bethätigung im Lehren nicht gefehlt haben. Die Neigung zum Lehrberuf blieb, und darum kehrte er auch gern wieder nach Heidelberg zurück, wo er 1498 wieder in die Artistenfakultät aufgenommen wurde, um über die Kirchenväter, besonders über Hieronymus zu lesen; wir sehen also, er verbindet hier wiederum die Thätigkeit für die Kirche und die für die Jugend miteinander.

1501 befindet sich Wimpheling dann in Strassburg, wo er durch seine Schrift Germania die Gründung einer Lateinschule beim Rat durchzusetzen hoffte. Später finden wir ihn als Erzieher adliger Jünglinge, wie z. B. Peter Sturms, wieder. Er war das in einem Alter, wo andere sich diesem Berufe wohl nur selten mehr widmeten und Wimpheling hat es deswegen für nötig erachtet, sich geradezu zu entschuldigen.[1]) Auch daraus sehen wir seine grosse Begeisterung für die Jugenderziehung. Seine wissenschaftliche Thätigkeit galt in dieser Zeit auch wieder besonders der Theologie. Daneben beschäftigte er sich mit der Abfassung geschichtlicher Werke, seine Epitome rerum Germanicarum erschien 1505, sein Argentinensium episcoporum catagolus etc. 1508; erstere eigentlich eine Schulschrift. Diese Thätigkeit, ein Ausdruck seiner Vaterlandsliebe, ist ebenfalls beachtenswert. Sein kräftiges, nationales Bewusstsein, seine Begeisterung für das deutsche Volk und das Interesse an dessen Geschichte sind Züge, die uns ganz besonders sympathisch berühren. Als Patriot aber wie als Christ und treuer Sohn der Kirche erwartet er Besserung der Zustände und einen Aufschwung des nationalen und kirchlichen Lebens besonders von dem heranwachsenden Geschlechte. Ihm gilt darum seine Sorge, ihm seine Gedanken, ihm im letzten Grunde seine gesamte Arbeit, sowohl im praktischen Leben als in seinen Büchern und Schriften. Darum hat man wohl ein Recht, in erster Linie einen Pädagogen in ihm zu sehen, einen Schulmann, der seine Kräfte besonders in den Dienst desjenigen Teils der Jugend stellt, der zwar über die erste Periode der Kindheit hinaus ist, aber sich erst zu eigentlichen Universitäts- resp. Berufsstudien vorbereitet.

Als Gymnasialpädagogen, wie ihn Paulsen richtig nennt, galt ihm, wie wir weiter unten näher ausführen werden, die Erreichung einer einfachen Methode des grammatischen Unterrichts als vornehmstes Ziel.

Seine Schriften.

Die ersten Schriften Wimphelings waren der Stilistik und Poetik gewidmet, erst dann folgen die grösseren pädagogischen Schriften. Mit diesen, mit dem Isidoneus und der Adolescentia, die

---

[1]) Vgl. Riegger, f. III, pag. 425. Wiskowatoff, S. 173.

vom Grammatischen ausgehend, überall nach tiefer liegenden Gründen für die Bestimmung der Unterrichtsweise und der Erziehung suchen, ist er auf seinem eigensten Gebiet.

Seine bedeutendste Schrift ist zweifellos der Isidoneus Germanicus, der eine geeignete Methode den lateinischen und überhaupt gelehrten Unterricht zu erteilen, bringen will, einen Wegweiser für die Lehrer, damit sie wissen, wie sie am besten und schnellsten die Jugend unterrichten. Er rechnet darum mit den vorhandenen Lehrbüchern; er will nicht ein neues Lehrbuch geben, sondern nur anleiten zur guten und geschickten Verwendung der alten, des Donat und Alexander, die ja damals noch in unbestrittenem, gleichsam kanonischen Ansehen in der gelehrten Welt standen. Er will den Lehrer darauf aufmerksam machen, was er aus ihnen als besonders wichtig behandeln muss, was er nur kurz vornehmen, was er ganz übergehen kann, sodann will er einen Kanon zur Lektüre in der Schule geeigneter Schriftsteller aufstellen, er giebt dabei Winke zur erzieherischen Einwirkung auf das Gemüt des Zöglings, kurz, er will ein methodisches Handbuch für den Lehrer schaffen. — So beginnt er denn ganz systematisch mit der Aussprache, geht dann zur Flexion über, redet weiter von den syntaktischen Regeln, schliesslich über Wortbildung, Stil, Metrik, über die Lektüre und die Erklärung des Gelesenen, wobei er verschiedene Fragen, wie die über einen tüchtigen Lehrer, mit erörtert.

In seinem Schulbuch Adolescentia hat Wimpheling ein als erste Lektüre geeignetes Buch schaffen wollen, besonders indem er eine grosse Reihe von Stücken aus den verschiedensten Schriftstellern zusammenstellte. Vorausgeschickt hat er aber cp. 1 bis 51 Erörterungen über den Nutzen der Wissenschaft und über die Anlagen der Jugend, sowie eine Reihe von Anforderungen (leges), die an die Jugend zu stellen sind.

Neben den schon erwähnten: Elegantiarum medulla, Elegantiae maiores, de arte poetica ist auch die Epitome rerum Germanicarum als ein Schulbuch anzusehen. Wimpheling stellt hier die deutsche Geschichte bis auf seine Zeit dar, und zwar nicht im trockenen Chronikenstil, sondern mit patriotischer Begeisterung und in so anregender Weise, dass dies Buch sicher nicht seine Wirkung auf die Jugend verfehlte; wenn es auch natürlich nicht den Anforderungen, die wir jetzt an ein Geschichtsbuch (Zuverlässigkeit, Objektivität u. s. w.) stellen, entspricht.

Indirekt dienen pädagogischen Zwecken auch die Germania, ein Buch, das manchen guten Gedanken über Schulen, Erziehung und Unterricht enthält, und die Agatharchia (erschien 1498), eine Art Fürstenspiegel, worin er es für eine Pflicht des Fürsten erklärt, Schulen und Universitäten zu errichten, resp. zu fördern. Was dies Buch sonst enthält, betrifft die Pädagogik nicht direkt; es sind auch vielfach nur Gemeinplätze, wie sie sich in ähnlichen Werken der Zeit auch finden.

Als letzte pädagogische Schrift sei erwähnt die diatribe de proba institutione puerorum in trivialibus et adolescentium in universalibus gymnasiis, 1514 erschienen, aber schon etwas früher (1512) verfasst. Neues enthält sie nicht, sondern wiederholt nur, was in dem Isidoneus und der Adolescentia schon ausfürhrlicher gesagt war, und, wie man wohl hinzufügen muss, auch besser, denn diese Schrift zeigt Wimpheling schon nicht mehr auf der Höhe der Zeit, ja eigentlich im Rückgang, denn er eifert hier noch viel heftiger gegen die heidnischen Poeten als früher.

So liegt es denn in der Natur der Sache, dass die vorliegende Arbeit sich hauptsächlich auf die beiden bedeutendsten Bücher Wimphelings, den Isidoneus und die Adolescentia stützt, demnächst am meisten auf die Germania, die anderen werden nur gelegentlich herangezogen.

Der Gang der Arbeit.

Es soll im folgenden zunächst zusammengestellt werden, was Wimpheling über häusliche Erziehung, Schulen und Lehrer sagt; sodann wenden wir uns dem zu, was wir über das Objekt der Erziehung, über ihre Möglichkeit, Notwendigkeit, ihr Ziel, die Mittel der Erziehung und endlich über Unterricht in einzelnen Fächern finden.

Erster Teil.
Die Erziehung in Haus und Schule im allgemeinen.

Erziehung in der Familie.

Von der ersten Erziehung, der Erziehung von der Geburt bis zum ersten Schulunterricht spricht Wimpheling in seinen Schriften fast gar nicht. Erstens hängt das mit dem Zweck seiner Schriften, die die Schulbildung im Auge haben, zusammen, ausserdem mag ihm, als ehelos lebendem Manne, das Familienleben und die Erziehung in und durch das Haus wohl fremd geblieben sein. Dass er ihre Bedeutung nicht verkennt, geht schon daraus hervor, dass er Ehrfurcht und Dankbarkeit gegen die Eltern[1]) als eine der ersten Forderungen hinstellt. Ferner erkennt er sehr wohl die leichte Bildsamkeit der jugendlichen Natur, die er mit einem jungen Bäumchen vergleicht.[2]) Er weiss, dass die Eindrücke der frühesten Jugend auch später noch, wenn auch vielfach nur unbewusst, nachwirken[3]), und da besonders das Beispiel der Eltern von entscheidendem Einfluss auf das Gemüt des Kindes ist, da überhaupt die Macht der Gewohnheit so stark ist[4]), so muss selbstverständlich von den Eltern schon systematisch ein möglichst starker Einfluss auf das Kind ausgeübt werden. So wird im Anschluss an eine Bemerkung des Eusebius[5]) empfohlen, schon die Spiele der Kinder in zartem Alter zu beeinflussen, dass sie für ihr späteres Leben etwas daraus lernen. Da das Gemüt der Kinder trockner, schulgerechter Belehrung noch nicht zugänglich ist, muss Spiel und Gesang pädagogisch verwertet werden.

---

[1]) Z. B. Adol. 34, fol. X.
[2]) Adol. 29, fol. VIII.
[3]) Adol. 28, fol. VIII.
[4]) Adol. 45, fol. XIX.
[5]) Adol. 45, fol. XIX.

Mehr aber als alle diese direkten Beeinflussungen des Kindes wirkt das Beispiel der Eltern auf die Seelen jener ein.[1]) Vor allem sollen die Eltern in ihren Worten stets Ehrbarkeit beobachten[2]), ferner sollen sie die Kinder zur rechten Ehrbarkeit anhalten, sie können sie am besten von Missbrauch des göttlichen Namens, leichtfertigem Schwören, Untreue zurückhalten, sie können sie zur Ehrerbietung gegen Greise und Priester anhalten; kurzum die sittliche Erziehung oder wenigstens die Grundlagen zu dieser werden von ihnen gelegt; auch können sie zum rechten Gebrauch der Kräfte anhalten und das Kind vor Missbrauch seiner Gaben hüten. So findet auch eine Wirkung auf die geistige Bildung desselben statt.

Um dies zu erreichen, sollen die Eltern ihre Kinder nicht viel sich selbst überlassen, sondern vielmehr sie beaufsichtigen: Zucht, Erziehung zum Gehorsam und sorgfältige Überwachung erklärt Wimpheling für die geeignetsten Mittel der Erziehung[3]); vor falscher Nachsicht, vor dem Irrtum, Kinder nur durch Milde erziehen zu wollen, warnt er noch nachdrücklich.[4]) — Die genaue Überwachung soll die Eltern auch zur Kenntnis der geistigen Befähigung der Kinder führen, sie sollen die Anlagen der heranwachsenden Knaben prüfen; ihre Neigungen beobachten und daraus ihre Fähigkeiten erkennen.[5]) Immer wieder ermahnt Wimpheling die Eltern an den künftigen Beruf, die spätere Stellung ihrer Söhne im Leben zu denken.[6]) Sie sollen sie darum zur Arbeitsamkeit anhalten[7]) und ihnen eine angemessene Schulbildung zuteil werden lassen.[8])

Erziehung der Mädchen.

In Bezug auf die Erziehung der Mädchen warnt er davor, sie zu sehr sich selbst zu überlassen, man solle sie zur Arbeitsamkeit anhalten, die ihnen nützlichen und nötigen Geschäfte sie erlernen lassen. Er warnt die Mädchen allzufrüh aus dem Hause zu geben, vor allem sie zu dem so schweren geistlichen Stande zu zwingen, da sie noch gar nicht wissen können, ob ihre Töchter dazu geeignet sein werden; ja er erklärt das geradezu für ein der Seele der Kinder gefährliches Beginnen.[9]) Denn das Seelenheil der

---

[1]) Adol. 8, fol. IIIa, 28 fol. VIIIa.
[2]) Adol. 28.
[3]) Adol. 28.
[4]) Adol. 45, fol. XIXb.
[5]) Adol. 3, 5 fol. II.
[6]) Adol. 3, 5, 6, fol. II. Germ. 16 und 17.
[7]) Adol. 6, fol. II. Germ. 17.
[8]) Germ. 16, 17, 14. Ich bezeichne mit diesen Nummern die Kapitel des II. Teils.
[9]) Germ. 23 de educatione filiarum. Diese Warnung bezieht sich allerdings wohl auch mit auf die Knaben.

Kinder soll ihnen vor allem am Herzen liegen, und um die göttliche Gnade, die zu einem tugendsamen Leben ja mithelfen muss, zu beten, erklärt er für eine Pflicht der Eltern.[1])

Schulerziehung.

Wir sehen also, es fehlt bei Wimpheling nicht an Andeutungen über die häusliche Erziehung; wir sehen, er erkennt die Wichtigkeit des Einflusses der Eltern, aber von viel grösserem Interesse für ihn ist die Erziehung in der Schule und der Unterricht, den die Kinder hier geniessen. Verfehlt er doch nicht, die Eltern beständig darauf hinzuweisen, die Kinder zur Schule zu schicken. Bei dem grossen Einfluss, den er mit seiner ganzen Zeit, denn hierin ist er ganz Humanist, der intellektuellen Bildung auch auf die moralische zuschreibt, ist es ganz erklärlich, dass er dem Schulunterricht hohen Wert für die Erziehung beilegt.

Arten der Schulen.

Die Stufenfolge der Schulen scheint sich Wimpheling folgendermassen zu denken[2]): Auf die Dom- und Stiftsschulen, in denen wohl die Elemente, auch im Lateinischen, gelehrt werden, und die von allen Kindern, wie es scheint auch von Mädchen[3]), besucht werden, auf diese soll für diejenigen, welche für ihren Beruf eine höhere Bildung brauchen, noch der Unterricht in einem gymnasium folgen. Mit dem Betrieb des Unterrichts in einem solchen beschäftigen sich besonders der Isidoneus[4]) und die Adolescentia, von denen die erstere eigentlich einen ausführlichen Lehrplan für den Unterricht enthält. Von dem gymnasium aus sollen dann die Knaben erst auf die Hochschule übergehen[5]), doch scheint Wimpheling ein solches auch für eine geeignete Bildungsanstalt für solche Knaben zu halten, die nicht zu eigentlich gelehrten Studien übergehen wollen, sondern sich dem praktischen Leben widmen[6]); bei der grossen Bedeutung, die die lateinische Sprache in jener Zeit auch für das tägliche Leben hatte, können wir die Forderung, dass auch andere als eigentliche Gelehrte sie verstehen möchten, ja ganz wohl begreifen.[7])

---

[1]) Adol. 28, fol. VIII.
[2]) Germ. 15 de gymnasio pro pueris prima Grammaticae rudimenta nactis instituendo.
[3]) Germ. 23.
[4]) Doch behandelt Wimpheling in diesem Buch den gesamten Lateinunterricht, auch soweit solcher etwa in der Dom- oder Stiftsschule schon erteilt wird.
[5]) Germ. 15.
[6]) Germ. 14.
[7]) Noch am Ende des 17. Jahrhunderts ist das Gymnasium, wenigstens in seinen unteren Klassen Bildungsanstalt auch für solche, die nicht einem gelehrten Berufe sich widmeten. cf. O. Kämmel, Chr. Weise, S. 28. (1897.)

Was die Gründung solcher Gymnasien, wie er sie sich denkt, anbetrifft, so erhofft er sie, wie die Germania ja schon zeigt, ganz besonders von den Städten und Fürsten.[1]) Die Errichtung einer solchen Schule scheint Wimpheling nicht für besonders schwierig zu halten [2]), ja er glaubt, dass der Stadt gar keine Kosten daraus erwachsen würden, vorausgesetzt dass ein Haus für diesen Zweck vorhanden sei.[3]) Die Unterhaltungskosten für die Schule sollen jedenfalls durch das von den Eltern zu zahlende Schulgeld [4]) aufgebracht werden; vielleicht hat er daran gedacht, dass man den Lehrern auch irgend eine Pfründe an einer Kirche der Stadt verschaffen werde, um ihn so materiell noch sicherer zu stellen, wenigstens tritt er ja an anderen Stellen mit grossem Eifer dafür ein, die Pfründen nur an gelehrte Leute zu verleihen.

Dieser Schule sollen die Schüler in der Regel 5 Jahre angehören, es würden aber vielleicht auch 3 Jahre genügen, je nach dem Alter, in dem der Schüler eintritt und nach seiner Begabung, so ist das wohl zu verstehen.[5])

Hauptunterrichtsgegenstand ist natürlich die lateinische Sprache, die ja schon in den Dom- und Stiftsschulen getrieben wurde, hier im Gymnasium soll mit ihrer Hilfe auch aus der Lehre von der Beredsamkeit, aus der Sittenlehre und Geschichte das Nötigste und für alle künftigen Berufsarten [6]), die gelehrte Bildung voraussetzen oder wenigstens wünschenswert sein lassen, Wichtigste gelehrt werden; nicht etwa bloss, wogegen sich Wimpheling ausdrücklich verwahrt, was dem späteren Kleriker von Nutzen sein kann. Diese Kenntnisse sollen, wie aus seinen andern Schriften hervorgeht, natürlich durch die lateinische Lektüre, der Wimpheling ja die meiste Zeit zuweisen will, vermittelt werden. — Die Pflege des Gesanges soll auch nicht fehlen, denn Lehrer und Kinder sollen an Sonn- und Feiertagen in der Kirche singen.[7])

Die Lehrer.

An Lehrern wird es der Stadt gewiss nicht fehlen, da es doch so viele Hochschulen in Deutschland gebe, auf denen tüchtige Männer ausfindig gemacht werden können. Gewiss würde ja auch mancher gern nach Strassburg gekommen sein.

Diesen Lehrern schlägt Wimpheling vor, eine bestimmte Instruktion zu geben, die genau den Weg [8]), den sie bei ihrem

---

[1]) Vgl. Germ. 16. Agatharchia, cp. 14, 15.
[2]) Germ. 15.
[3]) ibid. sine omni impensa Reipublicae solo domo exempta.
[4]) ibid. modico sumptu.
[5]) ad unius saltem lustri, immo ad solius triennii spatium. cp. 15.
[6]) Germ. 15.
[7]) Germ. 15.
[8]) Germ. 24.

Unterricht einzuhalten hätten, angeben müsste, hiernach sollen sie sich dann mit Fleiss und Bedacht richten. Mit der Forderung eines solchen als feste Norm für den Lehrer geltenden Plans scheint mir Wimpheling einen für seine Zeit neuen und sehr beachtenswerten Vorschlag gemacht zu haben, den man sonst nicht bei den Pädagogen seiner Zeit findet. Diese Instruktion, auf welche die Lehrer übrigens durch Eid verpflichtet werden sollen, wird sich Wimpheling wohl ähnlich seinem Isidoneus Germanicus gedacht haben, dem, wie das Wort verdeutscht wird, „Wegweiser für die deutsche Jugend"[1]), der ja trotz dieses Titels nicht sowohl für die Hand der Schüler als für die der Lehrer bestimmt war.

Was die Anforderungen betrifft, die an die zu gewinnenden Lehrer zu stellen sind, so erwähnt die Germania nur, dass sie sich in der Beredsamkeit, Geschichte und Sittenlehre tüchtig erwiesen haben sollen, also dass sie die Fächer, die sie zu lehren haben, auch beherrschen; eine besondere pädagogische Ausbildung wird nicht gefordert. Wo gab es damals auch theoretische Unterweisung über Erziehungskunst und Unterrichtslehre? An Stelle einer solchen Unterweisung haben sie ja eben den ausführlichen Lehrplan.

Dagegen fordert Wimpheling, dass der Lehrer vor allem ein ehrbarer Mann sei, der sich in seinem Lebenswandel durchaus als vorbildliche Persönlichkeit erweise; auch in Kleinigkeiten soll der Lehrer sich als Vorbild zeigen, so soll er eine dialektfreie Aussprache haben.[2]) Dazu soll er sanftmütig [3]), d. h. ruhig und geduldig sein, eine Forderung, die auch sonst Wimpheling als eine der wichtigsten öfter erhebt. Damit hängt zusammen, dass er sich vor dem Fehler des vielen Schlagens hüten möge, eine Mahnung, die Wimpheling wohl ganz besonders den Lehrern seiner Zeit ans Herz zu legen Veranlassung hatte. Doch soll der Lehrer auch nicht zu nachsichtig sein, sondern auf Gehorsam dringen; er soll die Schüler individuell behandeln und ihre Anlagen prüfen.[4])

An anderen Stellen finden sich noch andere Worte, mit denen das Ideal des Lehrers geschildert wird, besonders Isidoneus cp. 30: de conditionibus · boni praeceptoris; doch sind gerade diese Stellen zumeist nicht selbständig, sondern Reminiszenzen aus Quintilian.[5]) Noch möchte erwähnt werden, dass dem Lehrer auch Weiterbildung in den Wissenschaften dringend empfohlen

---

[1]) Vgl. das Empfehlungschreiben des Jacob Han an den Grafen Henneberg vor dem Isidoneus Germanicus.
[2]) Isidoneus, cp. 32.
[3]) Germ. 24.
[4]) Adol. 5, fol. II.
[5]) Vgl. Quintilian, Institutio orat. II, 2.

wird¹), unter anderm wird ihm auch angeraten, das Griechische zu erlernen.²)

Was Wimphelings Gedanken über die Universitäten und ihre Reform anbetrifft, so hat er ja später weniger Veranlassung gehabt, sich damit zu beschäftigen. — Jedenfalls soll eine Universität Gelegenheit zu allen Fachstudien bieten, wenn sie des Namens einer Universität würdig sein soll ³); auch empfiehlt er die Gründung von Kollegien ⁴), wo Lehrer und Schüler zusammenwohnen; die verschiedenen Fakultäten sollen als gleichberechtigt behandelt werden; in die Reihen der Lehrer sollen keine blossen Streber aufgenommen werden, oder solche, die auf Erwerbung von Pfründen ausgehen, ebensowenig wie unruhige, den Frieden der Wissenschaft und der Schule gefährdende Leute.⁵)

Wenden wir uns nun dem wichtigeren Teile unserer Aufgabe zu, der Frage: Welche Anschauungen über die Seele des Kindes hat Wimpheling und wie denkt er sich eine Einwirkung auf diese?

---

¹) Isid. 19, fol. X de vera latinitate eiusque copia et usu.
²) Isid. 25 de studio litt. Graecarum.
³) Agatharchia, cp. 14.
⁴) ibid.
⁵) Vgl. Agatharchia 15.

Zweiter Teil.
Das Objekt und das Ziel der Erziehung.

Nirgends finden wir bei Wimpheling eine zusammenhängende Auseinandersetzung über die seelischen Erscheinungen, denn nirgends versucht er seine Anschauungen, die er in den Schriften vorträgt, psychologisch zu begründen. Er ist durchaus Praktiker, seine Schriften wollen die Wichtigkeit der Erziehung für alle darlegen, aber nicht, indem sie auf die Beschaffenheit der Seele und deren Eigenschaften eingehen, sondern indem er den Einfluss der Erziehung auf das Leben und Wohlbefinden des einzelnen wie der Gesamtheit nachzuweisen sucht. Zudem hat Wimpheling überhaupt keine besondere Anlage zu philosophischem Denken, er ist ein Feind der Dialektik des Mittelalters, die in haarscharfen Distinktionen und fein durchgeführten logischen Schlussreihen ihre Stärke zeigt; er steht vielmehr unter dem Einfluss der neuen Zeit, die von spitzfindigen Auseinandersetzungen nichts wissen will; er ist Eklektiker, der Aussprüche sammelt und seine zwanglos vorgetragenen, nur selten in ein bestimmtes Schema gebrachten Reflexionen durch gewichtige Autoritäten stützt.

Weil Wimpheling kein philosophisch geschulter Kopf ist, ist er auch kein wissenschaftlicher Psycholog und darum dürfen wir keine psychologische Begründung seiner Ansichten erwarten. Dennoch aber wäre es mindestens übereilt, wenn man damit ohne weiteres auch in Abrede stellen wollte, dass Wimpheling Überzeugungen über das Wesen der menschlichen Seele, ihre Grundvermögen u. s. w. besessen habe, und dass diese psychologischen Anschauungen auch in seinen Schriften zu erkennen sind. Das ist vielmehr sehr wohl der Fall. Ist er doch ein guter Kenner der menschlichen Natur, ein feiner Beobachter der Jugend, für deren Erziehung und Bildung er sein Leben lang-thätig gewesen ist. Wird es darum auch nicht immer möglich sein — bei der

Eigenart seiner Schriften — genau festzustellen, welches eigentlich die seinen Aussprüchen zu Grunde liegenden psychologischen Gedanken sind, so dürfte es doch eine lohnende Aufgabe sein, einmal etwas tiefer in seine Schriften einzudringen und auch den nicht klar zu Tage tretenden Vorstellungen auf die Spur zu kommen. Man wird sich dabei nicht sowohl auf einzelne Worte als vielmehr auf die ganzen Abschnitten zu Grunde liegenden Voraussetzungen stützen müssen.

I. Die Seele.

Die erste und ursprüngliche Seite des Seelenlebens scheint Wimpheling das Gefühls- und Triebleben zu sein. In der Adolescentia erwähnt er an einer Stelle [1]) ohne nähere Begründung als eine für ihn feststehende Thatsache, die er für die allgemeine Annahme zu halten scheint, dass das Gefühl im Jugendalter die Herrschaft führt. Begehrungen [2]), also doch wohl egoistische Motive, treiben den Jüngling zum Handeln, nicht eine eingeborene Tugend, die es, wie es scheint, nicht giebt. Vielmehr wird die Tugend erst durch göttliches und menschliches Eingreifen, also durch äussere Einflüsse in den Menschen hineingepflanzt. [3]) Auch aus anderen Stellen geht es hervor, dass für Wimpheling das Triebleben das erste und die in der Jugend hauptsächlich bestimmende Seite im menschlichen Wesen ist. [4]) Die Seele des Jünglings besitzt von Natur grosse Thatenlust. [5]) Der Trieb sich zu bethätigen, sich bemerkbar zu machen, andere zu überragen, zu herrschen, also ein Wille zur Macht und Herrschaft liegt in der Seele. Darum lässt die Kinder ihre Unerfahrenheit, also ihr unentwickelter Intellekt, der ja viel langsamer als ihr Willensleben sich entfaltet, Ziele erstreben, die über ihre Kräfte hinausliegen. Sie haben ja noch keine oder nur wenige Enttäuschungen [6]) erfahren, denken noch nicht an die Kürze des menschlichen Lebens, an die Schranken, die der menschlichen Kraft gesetzt sind. [7]) Weil ihrer Unerfahrenheit alles erreichbar erscheint, so geizen sie weder mit ihrer Kraft noch mit dem, was sie besitzen; zeigen sich vielmehr hilfsbereit [8]), freigebig, gütig; sie sind nicht argwöhnisch,

---

[1]) Adol. 28, fol. VIIIa. Quippe in qua (scil. iuvenili aetate) non ipsa ratio sed sensus dominant, iuvenilis aetas plena est passionum animi.
[2]) Adol. 28, appetitus enim huc et illuc rapit.
[3]) Vgl. Adol. 28, quattuor radices virtutum.
[4]) Vgl. Adol. 11—16, fol. III und IVa. Es ist zu bemerken, dass hier nirgends von intellektuellen Eigenschaften die Rede ist.
[5]) Adol. 13. ad magna facienda sese ingerunt etc.
[6]) haud in multis repulsam passi sunt. Adol. 13.
[7]) Adol. 12 (fol. IIIb, IVa) se omnia obtinere possunt. — praecipue longaevam sibi pollicentur aetatem.
[8]) sunt enim invenes plurimum misericordes. Adol. 15. natura largi sunt et liberales. Adol. 11.

sondern geneigt, andere für gut zu halten, leichtgläubig¹), darum auch voller Mitgefühl für andere.²)

Die Vorherrschaft des Gefühlslebens erweist sich in den raschen Aufwallungen des Gefühls, in Scham und Erröten³); nicht minder in einer gewissen Leidenschaftlichkeit; sie sind geneigt, sich ungezügelt Begierden und Ausschweifungen hinzugeben.⁴) Dabei sind sie unbeständig⁵) und lassen sich vielfach nur von ihrer Phantasie leiten, die ausserordentlich lebhaft ist; von ihr verführt, meinen sie oft schon erreicht zu haben, was zunächst nur in ihrem Willen ist, daraus entspringen Hang zum Übertreiben, zu Lüge und Betrug⁶); es fehlt das Masshalten, das nur möglich, wo der Verstand und nicht die Phantasie die Herrschaft führt. In dem lebhaften Triebleben hat auch die Streitsucht ihren Grund.⁷) — Wir sehen, die Eigenheiten der Jugend erklären sich vor allem aus der Vorherrschaft des Gefühls.

Mit dem oben Ausgesprochenen ist zugleich auch etwas über das Verhältnis von Leib und Seele gesagt. Jener ist dieser unterthan, insofern die Phantasie die Ziele zeigt, zu deren Erreichung der gesamte Mensch mit allen Kräften, auch des Leibes, helfen soll; wenn auch andrerseits wieder die Begierden vielfach gerade im Leibe ihren Sitz und Ursprung haben. Diese werden aber doch schliesslich als Leidenschaften und Begierden der Seele angesehen, und so ist es diese, die dem Menschen alle Anregung zum Handeln giebt. Sie ist das den Körper beherrschende, ihn belebende Prinzip. Eine solche Theorie, wenn sie auch nirgends ausdrücklich ausgesprochen ist, ist um so wahrscheinlicher bei Wimpheling vorauszusetzen, als sie die dem Altertum entstammende Seelenlehre überhaupt ist.⁸) Bestimmtere Angaben hier zu machen, haben wir keinen Anhalt.

a) Moralische Gesamtanlage derselben.

Betrachten wir nun weiter, welche Eigenschaften der menschlichen Seele etwa eignen. Die jugendliche Seele gilt Wimpheling für besonders zart und empfänglich für jedweden Eindruck⁹), wie das bei der Vorherrschaft des Gefühls in ihr ja ganz selbstverständlich ist. Mit dieser hängen nun auch wieder die der

---

¹) Adol. 22, fol. Vb, Anfang.
²) Adol. 15, Ende.
³) Adol. 16, fol. IV.
⁴) Adol. 17.
⁵) ibid.: facile mutantur.
⁶) Vgl. Adol. 25, 26, fol. VII.
⁷) Adol. 24, fol. VIb.
⁸) Vgl. z. B. Siebeck, Geschichte der Psychologie. I, 2, S. 13 ff. (Aristoteles) und I, 2, S. 448 ff. (Thomas von Aquin.)
⁹) Adol. 2, fol. II.

menschlichen Seele und darum besonders der Jugend von Natur eigenen Vorzüge und Fehler zusammen. Als solche letztere ergeben sich Neigung zu Ausschweifungen, besonders geschlechtlicher Art[1]), eine gewisse Unbeständigkeit, eine Sucht, bald diesem, bald jenem sich zuzuwenden, Mangel an Selbstbeherrschung und Mässigung, die sich auch in Schmähsucht beweist, Leichtgläubigkeit, aber auch Neigung bei andern eine solche vorauszusetzen und damit Hang zu Lüge und Betrug.[2])

In der Seele des Menschen liegt aber auch ein Streben nach Bethätigung der gegebenen Kräfte, die Neigung zu ernster Arbeit[3]), der Trieb vorwärts zu kommen, etwas Rechtes zu leisten, Lust und Trieb zum Lernen[4]), die Begier nach Ehre, das Streben nach Lob.[5]) Es sind, was wohl zu bemerken ist, alles moralische Anlagen, die sich so ergeben. Dass die moralische Beanlagung der Seele Wimpheling als Erzieher und Freund der Jugend besonders interessiert, ist ganz natürlich. — Beantworten wir nun zunächst einmal die Frage, ob seiner Ansicht nach der Mensch mehr zum Guten oder zum Bösen neigt. Denn dass ihm die Seele von Natur nicht für vollständig rein gilt, ist wohl nicht erst besonders zu beweisen; nicht bloss um deswillen, weil Wimpheling ja ganz in den Lehren der katholischen Kirche, die die Erbsünde und sündliche Neigung des Menschen lehrt, befangen ist, sondern auch weil er ein viel zu guter Beobachter ist. Er bezeichnet denn auch[6]) die Kinder nur als weniger verdorben und weniger eigenwillig als die Erwachsenen; also Anlagen zum Bösen sind vorhanden. Dennoch redet er von einer gleichsam angebornen Sittsamkeit[7]), für die insbesondere das natürliche Schamgefühl[8]) ein Zeichen sei. — Zahlreicher freilich sind die Stellen, wo er von den üblen Neigungen, schlechten Gewohnheiten und Fehlern der Jugend spricht, und er behauptet wohl[9]), dass das Jugendalter derart zur Sünde geneigt sei, dass es, wenn anders es nicht kräftig beeinflusst wird, stets auf den schlechten Weg gerate.[9])

Die Lösung dieser scheinbaren Widersprüche ergiebt sich wohl am besten so: Zunächst müssen wir daran denken, dass Wimpheling

---

[1]) Adol. 17.
[2]) Adol. 17, 21, fol. IVa, Vb.
[3]) Adol. 35, Xb.
[4]) Adol. 8. otium fugere et amare semper, ut aliquid recte ab eis agatur.
[5]) ibid.
[6]) Adol. 29, fol. VIIIb.
[7]) Adol. 41, fol. XIV. verecundia velut quadam naturae dote commendat. Allerdings mit Benutzung einer Stelle des Ambrosius, während er sonst die Sittsamkeit in diesem Kapitel mehr als Forderung an den Jüngling hinstellt.
[8]) Adol. 41, fol. XVa. Naturalis quidam pudor et ingenita erubescentia. Adol 16.
[9]) Adol. 8 (am Schluss).

nicht eine theoretische Auseinandersetzung über seine Ansichten von der Seele des Menschen beabsichtigt, sondern dass er allein durch einen praktischen Zweck bestimmt wird. Und beweisen nicht gerade diese Widersprüche auch den Scharfblick des praktischen Pädagogen. Denn thatsächlich erscheint dem Beobachter die Unschuld der Kindesseele unleugbar vorhanden zu sein und andererseits wieder entgehen ihm nicht die plötzlich und scheinbar ganz unvorbereitet aus dieser so unschuldigen Kindesseele auftauchenden üblen Neigungen und Begehrungen. Dass diese Doppelnatur der menschlichen Seele Wimpheling nicht entgangen ist, scheint mir gerade ein Zeichen seiner feinen psychologischen Beobachtungsgabe zu sein. Eine theoretische Lösung dieses Widerspruchs hat er freilich nicht zu geben vermocht; doch deutet er sie immerhin an, wenn er darauf hinweist, dass alles Masshalten der Jugend, also überhaupt der menschlichen Natur von Haus aus fremd ist.[1]) Fehler und Tugenden erscheinen so eigentlich als Erscheinungsformen derselben einen Anlage, sie gehen aus demselben Trieb hervor. So ist der Drang des natürlichen Menschen sich auszuleben einerseits die Ursache der Lust zur Arbeit und Thätigkeit, andererseits die Ursache zu Herrschsucht und Genusssucht. Das Gefühl der überflüssigen Kraft äussert sich in Freigebigkeit und Güte, wie in Ausschweifung. Aus der Neigung, das Innenleben anderen zu offenbaren, geht hervor die kindliche Offenheit, und mit dieser kontrastiert dann wieder auffällig die Neigung zu Lüge und Betrug, die ebenfalls in dem lebhaften Gefühl, in der frei schaltenden Phantasie ihren Grund hat. — Solche Gedanken, wie gesagt, finden sich nicht ausgeführt, aber sie ergeben sich gleichsam als die hinter den Einzelbemerkungen erkennbare psychologische Gesamtanschauung von der menschlichen Seele.

Wenn darum auch vielleicht eine grössere Anzahl der Stellen, in denen er die Neigung der Menschennatur zum Bösen hervorhebt, uns dazu veranlassen könnte, bei Wimpheling die Ansicht vorherrschend zu finden, dass die Seele mehr nach der Seite des Bösen neige, so brauchen wir jedenfalls nicht anzunehmen, dass dem ein besonderes Gewicht beizulegen sei; auch scheint es, als wenn er — da er ja die Wirkung des Beispiels beständig betont — die üble Entwickelung, die eine sich selbst überlassene Seele[2]) nehme, hauptsächlich der Herrschaft des Bösen zuschriebe, das uns in der Welt umgiebt. Zudem sind wohl auch manche Ausdrücke aus der kirchlichen Lehre zu erklären, der Wimpheling so ganz ergeben war, und wir müssen uns hüten, solche traditionelle,

---

[1]) Adol. 17, 26.
[2]) Adol. 8, fol. IIIa. Iuvenum enim aetas prona est ad peccandum, ac nisi seniorum exemplis auctoritateque contineatur, facile semper in deteriora prolabuntur.

von ihm nur nachgesprochene Worte als Resultat genauer eigener Erwägungen anzusehen.

Dafür, dass gute und böse Anlagen in der Seele des Menschen in einem gewissen Gleichgewicht sind, spricht auch die Anführung von sechs guten und sechs schlechten Eigenschaften nach Aristoteles.[1]) — Er hält demnach die Seele für ein Wesen, das zunächst weder nach der einen, noch nach der andern Seite eine besondere Neigung zeigt, das sich vielmehr erst durch fremde Einflüsse, böses oder gutes Beispiel, Verführung oder Anhalten zur Tugend nach der einen oder anderen Seite ziehen lässt. Der Vergleich der Seele mit einem jungen Bäumchen[2]), das man noch leicht biegen kann (nämlich zum Guten, wie sich aus dem Zusammenhang ergiebt), scheint den Eigenwillen (beim Bäumchen das der Zucht entbehrende wilde Aufschiessen) als die hauptsächlichste schlimme Neigung vorauszusetzen. So würde sich denn ergeben, dass die Seele ihrer moralischen Anlage nach indifferent ist, dass sie aber, sich selbst überlassen, infolge der üblen Einflüsse der Umgebung sich zum Schlimmen entwickelt.

b) Intellektuelle Anlage.

Nachdem wir so von der moralischen Gesamtanlage der Seele geredet haben, gilt es noch zu untersuchen, welche Anschauungen Wimpheling von den intellektuellen Anlagen der Seele hat. Beide hängen eng mit einander zusammen, die intellektuelle Anlage ist ebenfalls, wie die moralische bei allen Menschen ziemlich die gleiche. In j e d e r Seele liegt, wie wir schon oben sahen, eine Neigung zu ernster Arbeit[3]), ein Trieb, eine gewisse Sehnsucht nach Erkenntnis[4]), ein Drang, die Kenntnisse zu erweitern und etwas zu leisten, also die Neigung zu theoretischer Erkenntnis und zu praktischer Bethätigung. Freilich ist diese bei den einzelnen sehr verschieden; bei dem einen stark, dem andern nur schwach. Im allgemeinen ist der Arbeits- und Wissenstrieb auch ein Zeichen für die Fähigkeit, etwas Gutes, Tüchtiges zu leisten, also ein Zeichen guter Begabung[5]), doch ist Unlust zur Arbeit durchaus nicht immer ein Beweis mangelnder Anlage, wie das Beispiel des Augustin lehre.[6]) — Im allgemeinen scheint Wimpheling in der That anzunehmen, dass jeder für die Wissenschaften befähigt ist. Zwar führt er[7]) eine Anzahl Kennzeichen guter Begabung an, aber

---

[1]) Adol. 10, 17.
[2]) Adol. 29.
[3]) (facti esse videantur) ad severitatem potius et studia quaedam graviora et maiora. Adol. 35, fol. IXb.
[4]) Adol. 8.
[5]) ibid.
[6]) Isid. 30.
[7]) Adol. 8.

was er beibringt: Ehrtrieb, Einsetzen der vollen Kraft, Neigung zu guten Thaten, Furcht vor Strafe, Scheu vor Schande, Schamgefühl, Liebe zu den Lehrern, williger Gehorsam, sind ja nicht Verschiedenheiten der intellektuellen Begabung, sondern vielmehr moralische Qualitäten; eine verschiedene moralische Beschaffenheit, verschiedenartige Gemüts- und Willensneigungen, wie er denn überall, wo er von Anlagen der Seele redet, an die sittlichen Anlagen denkt. Das erklärt sich wohl dadurch, dass es ihm, wie wir weiter unten sehen werden, vor allem auf Erziehung zur Tugend ankommt, und dass die geistige Bildung zumeist nur als Mittel zu dieser berücksichtigt wird. Da nun die Tugend hauptsächlich durch geistige Bildung [1]) erzeugt werden soll, und da es doch, wenn auch die moralischen Anlagen der Seele verschieden sein mögen, jedenfalls möglich sein muss, j e d e Seele zur Tugend zu bringen, so muss auch in jeder Seele die wichtigste Bedingung, tugendhaft zu werden, nämlich die intellektuelle Bildungsfähigkeit, vorhanden sein. Jede Seele kann durch Unterweisung in den Wissenschaften zur Tugend geführt werden, also jede Seele ist für solche Unterweisung geschaffen. Damit ist eine gewisse Gleichheit der intellektuellen Begabung gegeben.

Doch ist dies mehr eine theoretische Annahme, denn selbstverständlich ist es dem praktischen Schulmanne nicht entgangen, dass es eine Verschiedenheit der Beanlagung giebt; redet er doch in einem besondern Kapitel seiner Adolescentia [2]), davon, dass man die Anlagen der Knaben prüfen solle. Jeder Mensch, meint er, müsse seine Anlagen prüfen, für die Kinder, die es noch nicht selbst thun können, müssen Eltern und Lehrer es thun. Sie sollen beobachten [3]), für welche Dinge die Knaben von Natur geeignet und geschickt erscheinen, also ihre natürliche Begabung. Demnach giebt es also doch Verschiedenheiten in der geistigen Anlage; nicht bloss, dass der eine grössere intellektuelle Kraft besitzt als der andere, sondern den einen treibt seine geistige Anlage zu dieser Beschäftigung, den andern zu jener. Daneben scheint Wimpheling freilich auch anzunehmen, dass sich dergleichen Neigungen für einen bestimmten Beruf auch künstlich in dem Kinde erzeugen lassen, so wenn er empfiehlt, schon durch das Spielzeug, das man ihm giebt, das Interesse für einen Beruf zu erregen.[4]) Der Gedanke, dass sich geistige Eigenschaften

---

[1]) cf. Adol. 2, das ganze Kapitel.
[2]) Adol. 5, fol. II b. Pueri vel adolescentis ingenium metiendum est et examinandum cui studio videat esse accomodatum.
[3]) Adol. 5: in quas res natura proni aptique pueri videantur, eo potissimum studia eorum perferri.
[4]) Adol. 45, fol. XIX a. In omnibus enim etiam ludendo conari debemus, ut puerorum studia et cupiditates eo vertamus quo ipsos pervenire desideramus.

auch vererben, scheint ihm ebenfalls auch nicht fremd, so wenn er Stand und Herkunft der einzelnen einen gewissen Einfluss auf ihre Begabung zuschreibt. Die Söhne aus den höheren Ständen der Gesellschaft scheinen ihm auch einen für höhere und feinere Bildung besonders befähigten Geist empfangen zu haben.[1])

Im allgemeinen herrscht aber, wie schon gesagt, bei ihm der Gedanke einer allen gemeinsamen Bildungsfähigkeit vor. So wie in jedem Menschen ein starkes Gefühlsleben vorhanden ist, so treibt ihn doch auch seine natürliche Willenskraft zur Ausbildung seines Intellekts, der ja mit dazu helfen muss, die Ziele, welche die Phantasie steckt, zu realisieren.

Diese Bildungsfähigkeit zeigt sich natürlich einerseits im Gedächtnis, in der Fähigkeit etwas in sich aufzunehmen. Das Gedächtnis ist in der Jugend am frischesten, darum wird auch der Jugend anempfohlen zu lernen, nicht aber ihre Kräfte erschlaffen zu lassen. Andrerseits ist der Nachahmungstrieb ein wichtiger Faktor der geistigen Bildung; die Fähigkeit sich durch Nachahmung etwas anzueignen ist von besonderer Wichtigkeit bei der Erlernung einer Sprache [2]) — Nähere Angaben, Bemerkungen über Gedächtnis, Nachahmungstrieb u. s. w. suchen wir im übrigen vergebens, wie ja alles, was wir zusammengestellt haben, nur vereinzelte, gelegentliche Bemerkungen sind, entweder aus der praktischen Erfahrung des Lehrers hervorgegangen oder Äusserungen, wie sie bei einer Erörterung über das Ziel der Erziehung gelegentlich vorgebracht werden.[3])

II. Das Ziel der Erziehung.

Ist, wie wir oben erörterten, die Seele ein dem Körper innewohnendes ihn beherrschendes Wesen, das sich zunächst in einer Fülle von Trieben und Strebungen äussert, die darauf gerichtet sind, Befriedigung zu finden und die von der Phantasie gesteckten Ziele zu erreichen, so ergiebt sich, dass als Aufgabe der Erziehung ein Beeinflussen und Regeln dieser Triebe nach gewissen, noch aufzustellenden Grundsätzen erscheint. Demnach muss der Begriff der Erziehung bei Wimpheling, den er selbst zu bestimmen unterlässt, dahin festgestellt werden, dass Erziehen heisst die Gemüts- und Seelenregungen des Kindes systematisch beeinflussen.

Dieser Begriff der Erziehung ist freilich zunächst nur ein

---
[1]) Adol. 6.
[2]) Diese Fähigkeit wird vorausgesetzt z. B. in Isidoneus, cp. 1—3.
[3]) Die Adolescentia geht ja in ihren ersten Kapiteln hauptsächlich darauf aus, zu sagen, welches das Ziel der Erziehung ist und mit welchen Mitteln es erreicht werden soll, nur gelegentlich wird auch vom Objekt der Erziehung gesprochen.

formaler. Es fehlt ihm so lange der rechte Inhalt, als wir nicht das Ziel der Erziehung kennen, das Wimpheling vorschwebt. Doch ehe wir dies bestimmen, macht es sich nötig, von der Möglichkeit und Notwendigkeit der erzieherischen Einwirkung überhaupt zu reden. Diese ergeben sich, wenn wir an das denken, was wir vorher erörterten.

Möglichkeit und Notwendigkeit der Erziehung.

Da er die jugendliche Seele für besonders zart und empfänglich für jeden Eindruck hält, so setzt er überhaupt die Möglichkeit auf dieselbe irgendwie einzuwirken voraus. Aus dem schon erwähnten Vergleich der jugendlichen Seele mit einem Bäumchen, das sich ziehen lässt, ergiebt sich, dass er sich die Seele als ein Wesen denkt, das zwar schon von allein sich entwickelt, weil in ihm einmal Triebe liegen, die zur Bethätigung drängen, dass es aber sehr wohl möglich ist, auf diese so entscheidend einzuwirken, wie der Gärtner auf das Bäumchen.

Da das Kind für alle Eindrücke[1]) empfänglich ist und durch diese bestimmt wird, so kann die ursprüngliche Anlage des Kindes nicht eine starre, unveränderliche sein, es ergiebt sich vielmehr, dass es sehr wohl möglich ist, sie durch ein besonnenes, wohlüberlegtes, aus bestimmten Grundsätzen sich ergebendes Handeln und Lehren zu beeinflussen.

Ja, eine derartige Beeinflussung ist sogar notwendig. Ist die menschliche Seele in ihrer Entwicklung so abhängig von äusseren Einflüssen, dass es sogar wichtig ist, in welcher Weise der Spieltrieb des Kindes befriedigt wird, so ist es selbstverständlich für einen um das Wohl des Staates, der Kirche und der Menschen überhaupt besorgten Mann notwendig, sich auch um dergleichen Dinge zu bekümmern, zumal die junge Seele sonst sehr leicht der Verführung des Bösen unterliegt.[2]) Nur durch eine vernünftige Erziehung der Jugend kann aber auch das Ziel, das sich Gott mit der Menschheit gesetzt hat, sie in sein Reich zu führen, gefördert werden, und so ist Erziehung für den Christen gewissermassen eine religiöse Pflicht.[3])

Nach diesen Vorbemerkungen über Möglichkeit und Notwendigkeit der Erziehung wird es leichter sein das Ziel der Erziehung, das Wimpheling in seinen Schriften vorschwebt, zu bestimmen. — Es könnte da wohl zunächst scheinen, dass er überhaupt kein einheitliches Ziel der Erziehung habe, dass vielmehr dieses Ziel ein sehr verschiedenes sei; denn in seinen Schriften, wie in all seinen einzelnen Erörterungen, geht er von praktischen

---

[1]) Adol. 2. dum tener est et facile quam libet impressionem recipit.
[2]) Adol. 8, 28.
[3]) Vgl. z. B. Adol. 29—31.

Gesichtspunkten aus, und wie die Praxis des Lebens eine verschiedenartige ist, so wird auch der Endzweck des Erziehens ein verschiedenartiger sein. — In der That ist es nicht schwer eine Anzahl Stellen zu finden, in denen bald dies, bald jenes als Ziel erscheint.

a) Die Tugend als Ziel.

In der Germania[1]) erklärt er als solches die Erziehung zu Glauben, guter Sitte und freien Künsten. Doch am Ende des Kapitels wendet er die Sache schon wieder mehr praktisch und scheint die Erziehung zu praktisch-tüchtigen Leuten, die dem Staatswesen zu dienen imstande sind, als Endziel hinzustellen. — Trotz solcher Äusserungen kann es bei der Lektüre von Wimphelings Schriften wohl niemandem entgehen, dass, wie schon vorher einmal angedeutet war, die Erziehung der Jugend zur Tugend[2]) als die Hauptsache anzusehen ist, der gegenüber alles andere, so wichtig und nötig es auch sein mag, doch nur von untergeordnetem Werte ist. Diesem Zweck soll alles untergeordnet werden.[3])

Tugendhaft sein heisst ihm dabei selbstverständlich nach den Geboten der christlichen Kirche leben. Und dieses Ziel ist, meine ich, durch seine religiösen und kirchlichen Anschauungen von selbst gegeben. Wenn die Erziehung gewissermassen als religiöse Pflicht erscheint, so muss auch ihr Ziel ein von der Religion und deren Glaubenssätzen bestimmtes sein. — Hierin scheint sich mir wieder zu zeigen, dass Wimpheling durchaus noch nicht Humanist im Sinne der Späteren ist. Wenn auch diese nicht unterlassen, zu betonen, dass alles im Dienste der Tugend gelehrt werden soll, und dass der wahrhaft Gebildete auch der wahrhaft Tugendhafte ist, so schwebt ihnen doch immer mehr ein anderes Ziel vor Augen, die Eloquenz.[4])

Diese steht bei Erasmus u. a. als selbständigeres Ziel da, sie ist mehr im Vordergrunde. Darum ist sie auch im höheren Grade massgebend für die einzelnen Bestimmungen der Pädagogik. Das Hinführen zu Tugend und Religion tritt demgegenüber zurück. Zwar gilt dies auch für Erasmus als höchstes Ziel, steht aber mehr im Hintergrund.

Ganz anders steht hier Wimpheling, und das lässt ihn eben einer früheren Entwicklungsstufe des Humanismus angehören.

---

[1]) Cp. 22.
[2]) Vgl. z. B. Adol. 4. Die Tugend erscheint hier überhaupt als höchstes Ziel menschlichen Strebens. Adol. 2. Formandus est ad virtutem animus. Adol. 31. puerorum et adolescentium virtuosa educatio.
[3]) Dieses oberste Ziel der Erziehung giebt auch den Massstab ab für die Auswahl der Schriftsteller in der Schule. cf. Isidoneus 21, 22.
[4]) Glöckner, S. 13 ff.

Sein Eifern für Bildung hat in der Hauptsache den Zweck der Tugend zum Siege zu verhelfen und so das Heil der Seele möglich zu machen. Durch eine rechte Erziehung der Kinder zur Sittlichkeit und zur Erkenntnis der Wahrheit — die Worte im christlich-kirchlichen Sinne verstanden — kann allein die alte Blüte christlichen Lebens wieder herbeigeführt werden.[1]) — Aber auch für das Gedeihen von Staat und Gemeinde wird die Erziehung zur Tugend als eine wesentliche Vorbedingung hingestellt. — Es kann so freilich nicht ausbleiben, dass die Tugend in der Weise der verflachten kirchlichen Moral des Mittelalters als ein blosses Mittel zum Glück erscheint, nicht als natürlicher Ausdruck reiner und selbstloser Gesinnung. Dieser eudämonistische Standpunkt scheidet Wimpheling von Luther und den Reformatoren, mit denen er trotz seines Eiferns für Reformen darum nicht gleichzustellen ist. Es ist also, wie das bei einem so streng kirchlich gesinnten Manne, der bei all seinem Streben für Kirchenverbesserung doch nie über die von der Tradition gezogenen Schranken hinausging, nicht anders zu erwarten ist, das Ziel der Erziehung ein Hinführen zur wahren katholischen Religion und zur Tugend und Sittenreinheit. Daneben sind auch antike Gedanken mit von Einfluss. So wenn Wimpheling die Forderung erhebt, dass der Jüngling Masshalten[2]) lerne. Gerade dies liegt ihm von Natur ferne[3]), erst die Erziehung gewöhnt ihn daran, sie bringt ihm die Pflicht sich zu vervollkommen[4]) zum Bewusstsein, allmählich wird ihm die Tugend zur Gewohnheit, zur zweiten Natur.[5])

b) Andere Ziele.

Finden wir das Hinführen zu Tugend und Religion als Ziel der Erziehung bei Wimpheling, so müssen wir doch auch noch einige damit zusammenhängende Fragen erörtern, denn es treten bei ihm noch andere Anschauungen mit auf.

Zunächst ist nicht ausser acht zu lassen, dass sich neben dem individualistisch bestimmten Ziel — man könnte etwa sagen, es sei: das Heil des Einzelnen — auch ein mehr durch die Gesamtheit gegebenes findet, zunächst, was wir bereits mit erwähnt haben, die Verbesserung der Kirche, sodann das Wohl des Staates.[6]) Die Erziehung der Jugend zu Leuten, die Staat, Gemeinde oder Fürsten zu dienen vermögen, erscheint geradezu als Zweck der

---
[1]) Adol. 29.
[2]) Adol. 17, 26, 48.
[3]) Adol. 17. In factis modum non observant. In factis nescit habere modum.
[4]) Adol. 44. Anfang.
[5]) Adol. 35. de accelerata virtute et efficacia consuetudinis.
[6]) Germ. 17. Adol. 29, 31.

Erziehung. Nur wenn die Knaben zu Arbeitsamkeit angehalten, nur wenn ihnen nützliche Kenntnisse beigebracht werden, verhütet man, dass sie später als Müssiggänger und Unwissende der Gesamtheit zur Last und zum Schaden werden. Das Wohl des Staates liegt Wimpheling infolge seiner patriotischen Gesinnung ganz besonders am Herzen, doch ist nicht nur diese, sondern wohl auch die aus der Antike stammende und in der Zeit des Humanismus wieder aufblühende Wertschätzung des Staates mit von Einfluss gewesen.[1]

Dieser Nützlichkeitsstandpunkt, der hier, weil auf grosse Zwecke gerichtet, ja als voll berechtigt erscheinen mag, drängt sich aber auch sonst hervor und beeinflusst sein Erziehungsziel. Der Unwissende und Lasterhafte schädigt sich selbst am meisten. Weder der Reichtum soll den Menschen veranlassen, auf Bildung zu verzichten[2], noch hat die Scham, sich durch Arbeit etwas zu vergeben, irgendwelche Berechtigung.[3] Müssiggang und Unsittlichkeit führen zu Schaden an Leib und Seele, Gut und Ehre[4], wie zu Schande für den betreffenden selbst, seine Familie und Gemeinde, endlich auch zu verspäteter Reue über verlorene Zeit und Kraft.[5] — Also schon Klugheit muss den Einzelnen, sobald er ein einigermassen gereiftes Urteil hat, wie auch die Gesamtheit dazu treiben, eine tüchtige Bildung sich zu erringen, respektive zu geben. Doch gewährt eine solche nicht bloss äussere Vorteile, sondern auch innere Befriedigung. Dieser Gedanke ist Wimpheling ebenfalls nicht fremd. Das folgende wird dies klar machen.

c) Eloquenz.

Haben wir vorhin gesagt, dass bei Wimpheling nicht der Begriff der Eloquenz, der das Ziel der Bildung bestimmende ist, so müssen wir doch andrerseits jetzt auch wieder hervorheben, dass dieser, allerdings zumeist unbewusst, von grosser Bedeutung und von Einfluss auch auf die bei der Erziehung zu verfolgenden Ziele ist.

α) Wert der Alten.

Es fragt sich zunächst: Welchen Wert hat das Altertum für uns? — Da lassen sich denn sehr verschiedene Urteile über den Wert der antiken Schriftsteller finden. Liest man Stellen wie

---

[1] Vgl. bes. Cp. 31 der Adolescentia.
[2] Adolesc. 4.
[3] Germ. 23.
[4] Germ. 24. Adol. 6.
[5] Germ. 17.

Isidoneus Germanicus cp. 21 [1]), so könnte man wohl auf den Gedanken kommen, dass er eigentlich die römischen Dichter nur für ein notwendiges Übel betrachte, nur für eine Mustersammlung zu den grammatischen Regeln, die möglichst bald durch die ihrer Form nach den Alten fast gleichstehenden, ihrem Inhalt nach aber ihnen vorzuziehenden christlichen Prosaiker und Dichter zu ersetzen seien. Dennoch trifft man nicht das Richtige, wenn man [2]) dergleichen Bemerkungen einen besonderen Wert beilegt, sie erklären sich genügend aus der theologischen und kirchlichen Befangenheit Wimphelings und geben nicht seine wahren Ansichten wieder.

Thatsächlich steht er doch allzusehr unter dem in seiner ganzen Zeit herrschenden oder wenigstens zur Herrschaft kommenden Einfluss der Alten. Mag auch hier und da der Zorn des strengen Theologen über die schlüpfrigen heidnischen Dichter hervorbrechen, so dass er sie am liebsten beseitigen möchte, so steht er doch auch wieder zu sehr unter dem Eindruck ihrer ursprünglichen Kraft und Schönheit. Darum tritt er schliesslich wieder für sie ein.[3]) Man darf nicht übersehen, dass in demselben Kapitel 21 des Isidoneus, an dessen Ende sich die Bemerkung findet, dass man die christlichen Prosaiker und Dichter zu sehr vernachlässige, auch die heidnischen römischen Dichter mit preisenden Worten belegt werden, ferner, dass er in seiner Adolescentia genug Stellen aus Klassikern ausgewählt hat. Schliesslich aber darf man wohl fragen: Hatte Wimpheling wirklich so ganz unrecht, wenn er den Gebrauch der heidnischen Schriftsteller in der Schule — Knaben gegenüber — nicht mit seinem pädagogischen Gewissen vereinigen konnte und nur ausgewählte Stücke aus ihnen der Jugend in die Hand geben wollte? Thatsächlich hat ja in Italien die Lektüre und die Beschäftigung mit dem Altertum schädigend auf das christliche Leben gewirkt, also war wohl Wimphelings Befürchtung nicht so ganz unbegründet. Jedenfalls beweist aber dies Schwanken im Urteil über die Alten, dass er nicht mit ganzem Herzen Humanist war, es kennzeichnet ihn als einen noch unsicheren Anfänger und trennt ihn von den späteren Humanisten.

Doch uns beschäftigt hier nicht der wenig geläuterte Geschmack, dem die uns nicht recht verständlichen Ansichten über die Gleichwertigkeit der alten und mittelalterlichen Lateiner entspringen, sondern es gilt, die Frage zu beantworten: Warum empfiehlt Wimpheling denn das Studium der Alten überhaupt? Es

---

[1]) Isid. 21, fol. XIII b. nescio quo fato Itali quidam doctissimi suavibus capiuntur fabulis quam historiis etc. — Isid. 22 (Anfang).
[2]) So z. B. H. Schiller, S. 90.
[3]) cf. bes Isid 22, wo er in einem Satz halb und halb zurücknimmt, was er im vorhergehenden gesagt hat.

muss durch Beantwortung dieser Frage zugleich überhaupt ein helleres Licht auf sein Bildungsideal, auf das Ziel der Erziehung fallen.

β) Wert der lateinischen Sprache.

Da könnte es zunächst scheinen, als sei es ausschliesslich der praktische Nutzen der Werke der alten Schriftsteller, der ihn diese so hoch schätzen lehrt; so, wenn er[1]) die Vorteile der Kenntnis des Lateinischen schildert: für den Kriegsmann, Baumeister, Landwirt, Staatsmann und ihnen die Werke der Alten über Baukunst, Kriegswesen u. s. w. empfiehlt. Aber nicht dieser Nützlichkeitsstandpunkt allein ist es, der sie ihn empfehlen lässt; es scheint, als wenn er sich überhaupt die Aneignung irgend welcher Kenntnisse, wie sie jedem Menschen angenehm und für den Verkehr und Gedankenaustausch nötig sind, nicht ohne Kenntnis der lateinischen Sprache und ihrer hauptsächlichsten Vertreter denken könne. Die Alten gelten ihm hier also gewissermassen als eine Encyklopädie alles Wissenswerten und insofern als unentbehrlich. Sie sind nötig für jeden, der auf den Namen eines, wie wir jetzt sagen würden, Gebildeten Anspruch erhebt. Wimpheling kann sich keine wahre Bildung denken ohne Vermittlung der lateinischen Sprache und Litteratur. Wo er auf den Nutzen der lateinischen Sprache zu reden kommt, hebt er die Schulung des Geistes[2]) durch die Wissenschaften hervor. „Übergebt eure Söhne der Schulung durch die edlen Künste, auf dass sie die trefflichen Wissenschaften erlernen zur Zierde ihres Geistes und zur Erlangung der Selbsterkenntnis."[3]) Er weiss, dass auch wahre Freude, Erquickung für das Gemüt durch diese Kenntnisse erzeugt wird. „Sie wissen nicht, sagt er von den Verächtern der Wissenschaften, welche Ehre aus der Kenntnis der lateinischen Sprache und den Wissenschaften erwächst."[4])

Es wäre gewagt aus so vereinzelten Äusserungen weitgehende Schlüsse zu ziehen, immerhin, glaube ich, darf man nicht leugnen wollen, dass Wimpheling ein Bewusstsein von dem hohen Bildungswert der klassischen Latinität und ihrer Litteratur gehabt habe, wenn auch bei weitem nicht ein so klares und deutliches, wie etwa Erasmus oder andere Humanisten der späteren Zeit. Die logische Schulung des Geistes, die Gewandtheit der Ausdrucksweise, die man in jener Zeit ja nur am Latein lernen konnte, würde ihn wohl auch ohne den praktischen Nutzen, den es einzelnen Berufsarten gewährt, diese Sprache haben schätzen

---
[1]) Germania, cp. 24.
[2]) Germ. 16.
[3]) ibid.
[4]) Germ. 17.

lassen. Das scheint mir z. B. auch eine Stelle wie Isidoneus cp. 26 zu beweisen. Hier sagt er: „Das Lateinische in allen seinen Erscheinungen richtig und gefällig zu sprechen und in vollendeter Weise zu verstehen, und dasselbe zu Wissenschaften, welche schöne Früchte verheissen, zu verwenden, das ist Zweck und Ziel — das sei das Gesamtergebnis des Unterrichts." In den letzten Sätzen des Kapitels, und auch sonst [1]) bezeichnet er dann die lateinische Sprache als die edelste [2]), hebt hervor, dass sie von allen Nationen könne erlernt werden, dass in ihr Unzähliges geschrieben sei, was sich gar nicht so recht in die deutsche Sprache, die Volkssprache, übersetzen lasse; dass der, der sie nicht kenne, ein Barbar sei, dass keine andere Sprache so edel und wortreich sei u. s. w.

Er hebt also hier nicht nur den praktischen Nutzen, sondern auch den inneren Wert der Sprache hervor, er behauptet, dass sie eine Ausdrucksfähigkeit besitze, die von keiner anderen Sprache erreicht werde, dass sie Worte und Begriffe besitze, die anderen Sprachen fehlen, dass sie darum zum Ausdruck schwieriger, abstrakter Gedanken [3]) und wegen ihrer ganzen Eigenart zur Welt- und Gelehrtensprache geeignet sei. Ja auch korrekte Bildung der Laute [4]), grammatisch-logische Schulung, Gewandtheit und Präzision der Ausdrucksweise können allein an dieser so hochgebildeten, feinorganisierten Sprache gelernt werden. Das ist der Grund zu dem hohen Lob, das er der lateinischen Sprache spendet.

Sprachliche Bildung und mit ihr strenge Schulung des Geistes, was wir jetzt etwa formale Bildung nennen würden, kann allein durch das Latein gelernt werden, und mit dieser Sprache kann zugleich der wertvollste Inhalt, die gesamte geistige Kultur des Altertums und der Neuzeit [5]) angeeignet und damit wahre Bildung erworben werden.

Jene Zeit nannte es Eloquenz, denn unter dieser versteht sie doch eben jene Gewandtheit des Denkens und der Ausdrucksweise in der feinsten gebildeten Sprache. Wir sehen, der Begriff der Eloquentia und das mit diesem ausgedrückte Bildungsideal sind Wimpheling nicht fremd. Wenn auch durch praktische Erwägungen verdunkelt, zeigt sich dies Ideal, wie bei allen Humanisten, so auch bei ihm.

Es ist also wohl bei der Bestimmung des Ziels der Erziehung nötig, festzustellen, dass neben der Tugend auch die Eloquenz

---

[1]) Z. B. Adol. 7, fol. III a. Nobilissima lingua. Germ. cp. 14.
[2]) Isidon. 26, gegen Ende: qua nulla nobilior, nulla dulcior, nulla copiosior.
[3]) Darum eben bleibt Barbar, wer sie nicht kennt. cf. auch Germ. 15.
[4]) Isidon. 1.
[5]) In qua innumera conscripta sunt, quae vix tandem in vernaculam et plebeiam traducentur. Isid 26.

als solches anzusehen ist; wenn allerdings auch nur für einen kleinen Teil der Nation, eben für die gebildeten Kreise, die zur Führung des Volks Berufenen, dieses Ziel gesteckt werden muss. — Die Aufgabe des Lehrers ist es, in dem Schüler die Sehnsucht nach diesem hohen Ziele zu erwecken, denn nur wenn der Schüler auch ohne Anleitung, selbständig nach diesem Ziel strebt, wird er es erreichen können. Darum gilt es in dem Schüler freie Wissbegierde, die der stärkste Antrieb zum Lernen sei, zu erregen.[1]) Der Schüler soll selbständiges Interesse für die Wissenschaften gewinnen; auch bei den des Lernens unlustigen Schülern soll dies das Ziel sein und lässt sich auch erreichen, ja sogar Begeisterung[2]) soll erzeugt werden, die den Schüler dazu treibt, sich auch selbst eine Meinung zu bilden, die auszusprechen ihn der Lehrer veranlassen soll.[3])

Es ist also bei Wimpheling angedeutet, dass als Ziel des Unterrichts gelten soll: Selbstbeherrschung, Streben sich zu vervollkommnen, kurz Selbständigkeit im Denken und Handeln in dem Zögling zur Reife zu bringen. Eine in sich bestimmte, selbständige, der eigenen Kraft bewusste und sie beherrschende Persönlichkeit — so soll die Schule ihren Zögling ins Leben entlassen.

d) Körperliche Erziehung.

Sehr wenig lässt sich bei Wimpheling über die körperliche Erziehung sagen, er denkt fast stets nur an die Ausbildung des Geistes, an Erziehung zur Tugend und Bildung des Verstandes, den Gedanken einer harmonischen Ausbildung von Körper und Geist suchen wir vergebens bei ihm. Dem italienischen Humanismus sind solche Gedanken nicht fremd, auch dem deutschen im allgemeinen nicht; doch während nach der Theorie Körper und Geist in gleicher Weise zu bilden bei den Italienern auch gehandelt wird[4]), bleibt bei den Humanisten Deutschlands dies mehr graue Theorie; sie reden von der mens sana in corpore sano[5]), aber praktisch geben sie dem wenig Folge. Bei dem Zweck von Wimphelings Schriften kann es uns nicht wundern, dass wir nicht einmal solche aus dem Altertum entlehnte allgemeine Redewendungen finden, doch haben bei ihm körperliche Übungen, vor

---

[1]) Isidoneus 30. Liquet enim maiorem habere vim ad discendum liberam curiositatem.
[2]) Isidon. 29. Persuadeat efficaciter praeceptor, ut puer affectum et fervorem studii conquerat.
[3]) ibid.
[4]) Vgl. z. B. Vittorino v. Feltre und Vergerio s. Schiller, S. 71.
[5]) Z. B. Erasmus gleich am Anfang seines modus orandi.

allem Jagd¹) wenig Anerkennung gefunden, und körperliche Erziehung schätzt er nur soweit, als sie den Körper an Arbeit und Thätigkeit gewöhnt²) und ihn auf diese Weise auch vor der Seele schädlicher Ausschweifung bewahrt.

Nachdem wir so die Ziele der Erziehung bei Wimpheling erörtert haben, wenden wir uns nun einer Besprechung der Frage zu: Welche Mittel sind es, durch die diese erreicht werden sollen?

---

¹) Adol. 7.
²) German. 22. Durch Mässigkeit soll sich der Körper gesund halten, besonders mässige Speise und Trank. cf. auch Adol. 19, 26, 46. Durch Keuschheit Adol. 19 und 20.

Dritter Teil.
Mittel der Erziehung.

I. Zucht.

Bei der grossen Empfänglichkeit des kindlichen Geistes für alle Eindrücke ist es selbstverständlich, dass schon von frühester Jugend an auf alles geachtet werden muss, was irgendwie von Einfluss auf die Bildung des Charakters des Zöglings sein kann.

Es ist nicht gleichgiltig, wie die Umgebung des Kindes beschaffen ist, nicht gleichgiltig, womit es spielt.[1]) Schon hier lässt sich wirksam eingreifen, man erkennt die Neigungen des Kindes, kann sie verstärken oder abschwächen. — Hat man schon einen bestimmten Beruf ins Auge gefasst, dem das Kind zugeführt werden soll, so lasse man es sich schon im Spiel damit beschäftigen. Jedenfalls aber überlasse man es nicht sich selber. Daraus, das ist Wimphelings Gedanke, kann nichts Gutes werden. Diese Erwägungen sind es ja auch, die dem ganzen 2. Teil der Germania zu Grunde liegen. — So warnt er denn immer davor die Kinder müssig gehen zu lassen; sie in angemessener Weise beschäftigen[2]), ist eins der besten Mittel sie zu tüchtigen Menschen zu machen.

Mit der Verhütung des Müssiggangs hängt aufs engste zusammen eine gewisse Beschränkung der Freiheit. Eine Erziehung ohne eine solche, Erziehung ohne Zwang giebt es nicht. Diese Erkenntnis hat auch Wimpheling.[3]) Er meint: Wenn sich das

---

[1]) Adol. 45. Anfang.
[2]) Germ. 17, 22, 23. Adol. 20, Anfang.
[3]) Adol. 28, fol. VIIIa. Die Warnung das Kind nur durch Schläge zwingen zu wollen, die ja manche Naturen anspornen mögen (Adol. cp. 8) findet sich Isid. 30.

Jugendalter „einer vollkommenen Freiheit erfreut, so wird es den Becher der Sünden bis auf die Hefe austrinken." Man müsse den jugendlichen Leidenschaften einen Zaum anlegen.¹) Ein solcher Zwang muss von klein auf an den Kindern geübt werden. Denn eins der Hauptmittel in der Erziehung ist ja die Gewohnheit. Von der Macht derselben ist Wimpheling besonders fest überzeugt. „Es muss sich eine mit dem Alter zugleich immer mehr wachsende Gewohnheit zur Tugend bilden" sagt er einmal.²)

An einer andern Stelle³) meint er, dass man einen Erwachsenen, in schlechten Gewohnheiten gross gewordenen, vergebens zu ändern versuchen würde, so wie sich der Baum mit starkem Stamme eher brechen als biegen lasse. — Gewohnheiten, die festgewurzelt sind, lassen sich also nicht herausreissen. „Die Neigung, der man dient, wird zur Gewohnheit, und die Gewohnheit, welche keinen Widerstand findet, wird zur Notwendigkeit."⁴)

Vor allem soll die Jugend an Zucht und Ordnung sowie an Gehorsam gewöhnt werden. Um diese zu erreichen, ist beständige sorgfältige Überwachung nötig.⁵) Ohne diese werden gerade die schlimmen Neigungen in der Seele wieder emporwachsen⁶) und nur die genaue Beobachtung und die Anleitung lassen tugendhaftes Handeln zur Gewohnheit werden.

Gute Gewohnheiten, eine starke Neigung zur Tugend in der Jugend zu erzeugen, ist vor allem das Beispiel, das Vorbild, das andere Personen in ihr geben, geeignet. An zahlreichen Stellen ermahnt er darum Eltern, Erzieher, Lehrer doch ja durch ihr Beispiel erzieherisch auf die jungen Seelen einzuwirken⁷), und ebenso finden sich genug Stellen, wo er die Jugend mahnt, sich durch gute Beispiele tugendhafter und gelehrter Leute antreiben zu lassen.⁸) Auch hält er es für eine Pflicht des Erziehers die Kinder nur in gute Gesellschaft zu bringen und so alles fernzuhalten, was ungünstig auf die Entwicklung der jugendlichen Seele einwirken könnte.⁹)

Er hat also richtig erkannt, dass die unmittelbare Anschauung

---

¹) Adol. 31, fol. IXa. Die Warnung zu nachsichtig zu sein auch Adol. 28, 45, fol. XIXb. nec solum sola dulcedine, solis blandimentis puerilis aetas ad virtutes trahenda est. — Adol. 51, fol. XXIIIb German. 17.
²) Adol. 45, Anfang. Vgl. auch schon die Überschrift dieses Kapitels.
³) Adol. 29.
⁴) Adol. 29, Ende.
⁵) Adol. 28, fol. VIIIa. Oboedientia itaque et disciplinae virga accurataque custodie circumspectio; vera sunt honestae iuventutis seminaria.
⁶) So werden besonders manche Laster bei der Jugend leicht zur Gewohnheit, z. B. das Lügen. cf. Adol. 25.
⁷) Z. B. Adol. 8. Germ. 24. Isid. 30.
⁸) Adol. Der Widmungsbrief an den Grafen Wolfgang von Löwenstein. cp. 38.
⁹) Isidon. 30. Adol. 19, 20.

tugendhafter Handlungsweise von viel tieferer nachhaltigerer Wirkung auf die empfängliche Seele des Kindes ist als das blosse Reden von der Tugend, also die grössere ursprüngliche Kraft der durch die Sinne vermittelten Eindrücke vor den durch die Reflexion hervorgerufenen.

Besonders den Eltern empfiehlt er es, doch ja durch Ehrbarkeit in Worten und Werken den Kindern ein Beispiel zu geben.[1]) Sind doch gerade sie es, durch deren Verhalten der jugendlichen Seele die ersten, also vielfach entscheidenden Eindrücke gegeben werden, denn je jünger das Kind ist, umso mehr ist es die Anschauung, durch die jede Erkenntnis vermittelt, jeder Entschluss erzeugt und jede Handlung bestimmt wird. Dieser wichtige psychologische Zusammenhang ist Wimpheling nicht entgangen.

Wenn er aber so vor allem die erzieherische Wirksamkeit des Beispiels schätzt, so müsste er doch nicht ein so eifriger Vertreter der Kirchenlehre und Moralprediger sein, wenn er nicht auch der Ermahnung grosse Bedeutung einräumte. Abgesehen von gelegentlichen Ermahnungen, wie sie die Eltern täglich zu geben nicht unterlassen sollen, weder mit Worten noch mit Augen und Ohren zu sündigen [2]), sollen vor allem natürlich in den Unterricht dergleichen Bemerkungen eingeflochten werden. Die Erklärung der Schriftsteller, an die ja im Unterrichte möglichsr bald gegangen werden soll, giebt dazu mannigfachen Anlass und die ganze Auswahl aus der Zahl der lateinischen Dichter und Prosaiker des Altertums und späterer Zeit ist mit durch diesen Gesichtspunkt bestimmt. Wie diese zu erklären sind, dafür bietet er auch Beispiele in seiner Adolescentia, und eine solche Erklärung gipfelt dann zumeist in einer Mahnung oder Warnung an den Jüngling, der das Buch liest.

Wo aber die Jugend in manchen Schriften von lasterhaften Handlungen und dergleichen liest, wie solche ja sowohl in der Bibel als auch in manchen andern Schriftstellern, die sich doch aus andern Gründen sehr wohl zur Lektüre eignen, stehen, da soll der Lehrer auch den Schein vermeiden, als empföhle er dergleichen und im Gegenteil seine Schüler zu richtiger Beurteilung solcher Handlungen anweisen. Also Empfehlung der Tugend und Warnung vor dem Laster ist ja nicht zu unterlassen.[3])

Wie man kleine moralische Erzählungen in ein Schulbuch einflechten kann, zeigt er in der Adolescentia[4]); denn er will gemäss der Erkenntnis, dass das Anschauliche einen viel grösseren

---

[1]) Adol. 28.
[2]) German. 22.
[3]) Isidon. 21.
[4]) Adol. cp. 23.

Eindruck auf das kindliche Gemüt macht, als die trockene abstrakte Unterweisung, Erzählungen und Fabeln als Mittel zu sittlicher Einwirkung benutzen.¹)

Neben den Ermahnungen, die Schule und Elternhaus den Schülern geben, schätzt er auch noch die von der Kirche gebotenen Belehrungen und Warnungen. Zunächst soll in der Schule gleich von Anfang an ein Unterricht in den Hauptstücken des Christentums erfolgen²) und die Schüler sollen zum Gebet angehalten werden.³) Daneben soll der vom Mittelalter her ererbte Zusammenhang von Schule und Kirche bewahrt werden und auch in etwa neu zu gründenden Schulen darf man ihn nicht vernachlässigen.⁴) Sodann soll man auch die Kinder zur Predigt führen, um sie mit Gottes Wort bekannt zu machen.⁵) Vor allem aber verspricht sich Wimpheling Grosses von der Hinführung der Jugend zur Beichte. Er glaubt, dass sie vor allem geschaffen sei, zu vorzüglicher Sitte zu erziehen und meint, nirgends könne eine Ermahnung wirksamer erteilt werden als in der Beichte.⁶) Er weiss als Menschenkenner den grossen Einfluss des katholischen Beichtinstituts, die Wirkung der Beichte besonders auf die jugendlichen Gemüter wohl zu schätzen; die feierliche Form derselben, der Umstand, dass eine sonst fremde und hochstehende Persönlichkeit plötzlich in die innersten Gedanken des Menschen eindringt, sichern ja der Beichte ihre Wirkung, und Wimpheling hat das mit scharfem Blicke erkannt und sucht dieselbe auch dem Zwecke der Jugenderziehung dienstbar zu machen.

II. Unterricht.

a) Allgemeine Unterrichtsmethode.

Unter den Mitteln erzieherischer Einwirkung auf das Gemüts- und Geistesleben des Zöglings steht ihm aber, und darin erweist er sich wieder als Humanist, die intellektuelle Bildung, der Unterricht in den Wissenschaften obenan. Diese sind nicht Selbstzweck, sondern nur Mittel zum Zweck. — In allen seinen Schriften kann er nicht genug betonen, wie verderblich es sei, in Unwissenheit zu verharren, wie Verachtung von Wissenschaft und Gelehrsamkeit sich an dem Menschen räche, der dann niederen Leidenschaften verfalle.⁷) — Es erfasst ihn Mitleid⁸) mit dem gemeinen

---
¹) Isidon. 30.
²) Isidon, 29, Anfang.
³) Isidon. 29.
⁴) Germ. 15, am Ende.
⁵) Adol. 30, Anfang.
⁶) Adol. 30, Ende.
⁷) Er nennt solche Leute wohl bestiae. cf. Isid. cp. 21.
⁸) Germ. 13. commiseratio in barbaros.

Volk, das der Wissenschaft, insbesondere ihrer Vermittlerin, der lateinischen Sprache, unkundig ist, das Mitleid schlägt bei ihm aber sehr leicht in Zorn um, und er eifert dann sogar mit kräftigen derben Worten gegen die Verächter der Wissenschaft[1]), die Jugend aber will er nötigenfalls sogar zur Beschäftigung mit den Wissenschaften gezwungen sehen.[2])

Es steht für Wimpheling fest, dass man die höchste Tugend nur erlangen kann, wenn man in den Wissenschaften sich übt, und er glaubt, dass eine Besserung der Sitten und eine neue Blüte christlichen Lebens nur durch besseren Unterricht erreicht werden kann.[3]) Er sagt geradezu, dass man aus den Büchern herrliche Tugenden erlernen könne, so wie man aus ihnen Geschichte lernt.[4]) Wie alle Zeitalter, die durch Erschliessen neuer Quellen geistiger Nahrung sich gleichsam an der Fülle neuer Gedanken berauschen, so ist auch die Zeit des Humanismus geneigt, der neuen Wissenschaft einen besonders hohen Wert und einen grossen Einfluss auf die verschiedenen Seiten des menschlichen Geistes zuzuschreiben. Wimphelings Äusserungen sind also nichts ihm besonders Eigenes; er ist hierin zunächst ein Kind seiner Zeit. Dass er aber gerade den Wissenschaften so grossen Einfluss auf die Sittlichkeit des Menschen zuschreibt, erklärt sich wohl eben aus seiner Neigung, alles auf das Moralische zu beziehen. Hinführung zur Tugend ist das Endziel der Erziehung, also kann und muss auch alles andere im Dienste dieses Zweckes stehen. Tiefere psychologische Erwägungen dürften ihn wohl kaum zu dieser Wertschätzung der intellektuellen Bildung und ihres Einflusses auf die moralische geführt haben. Es liegt wohl nur der einfache Gedanke zu Grunde, dass die Empfänglichkeit des menschlichen Gemüts für alles Schöne, Erhabene, also die natürliche Neigung des Menschen zum Guten, die neben der mächtigen Neigung zum Schlechten im Menschen liegt, durch die Beschäftigung mit etwas Schönem, Edlen, das die niederen, gemeinen Triebe der Menschennatur nicht reizt, gestärkt und gekräftigt wird.[5])

Wir wenden uns nun dazu, näher zu betrachten, in welcher Weise sich Wimpheling den Betrieb der Wissenschaften denkt und welche einzelnen Fächer er in den Kreis seiner Betrachtung und damit in den der Schulfächer zieht.

Es handelt sich also um eine Darstellung der Unterrichtsmethode, und zwar zunächst der allgemeinen.

---

[1]) Isidon. 21.
[2]) Isidon. 30.
[3]) Is. 30. Germ. 16. Adol. 29.
[4]) Germ. 14.
[5]) Wer nichts gelernt hat, verfällt leicht dem Müssiggang und andern Lastern. Isid., Vorrede.

Der Unterricht zu Wimphelings Zeit.

Wimpheling hält von einer richtigen Unterrichtsmethode ausserordentlich viel, sind doch seine beiden bedeutendsten pädagogischen Schriften, Adolescentia und Isidoneus Germanicus, methodische Schriften. Die Methode des lateinischen Sprachunterrichts, in dem ja aller andere Unterricht mit enthalten ist, kommt in dieser Schrift ausführlich zur Darstellung, aber auch die Adolescentia giebt viele methodische Winke, auch die im zweiten Teil eingefügten Stellen aus lateinischen Schriftstellern sind nach pädagogischem Gesichtspunkte ausgewählt, insofern dieser Teil eine Zusammenstellung solcher Stellen enthält, die zur moralischen Bildung der Jugend beitragen und einen vernünftigeren Betrieb des lateinischen Unterrichts anbahnen sollen (besonders in den die einzelnen Stücke erklärenden Kapiteln.) Seine beiden Hauptschriften gehen also auf eine Verbesserung der Methode des Unterrichts aus.[1])

Wenn man Wimphelings Schilderungen glauben darf, und Wahrheitsliebe kann man ihm nicht absprechen, so befand sich die Unterrichtsweise seiner Zeit in vollständigem Verfall. Die Lehrer quälten ihre Schüler mit Tüfteleien, unfruchtbaren Vermutungen, Wortklaubereien.[2]) Gegen diese von ihm getadelte Methode kämpft er sein Leben lang mit grosser Energie und rastlosem Eifer an. Wirft man also die Frage auf, ob er den mittelalterlichen oder humanistischen[3]) Grundsätzen über den Unterricht näher steht, so muss man entschieden sagen: Seine Absicht war es, eine andere bessere Methode des Unterrichts zu finden. In der Absicht also ist er mit den Humanisten eins. Wie weit er sich in den Mitteln, diese Absicht zu erreichen, mit ihnen berührt, wird sich aus dem Folgenden ergeben.

Er selbst fühlt sich im Gegensatz zu dem mittelalterlichen Unterrichtsbetrieb; er bekämpft die, welche in der alten, ihm unklar und schwerfällig dünkenden Art und Weise vortragen. Sie verschulden es, dass die Schüler trotz jahrelanger Mühen nicht über die ersten Teile des Alexander hinauskommen[4]) und nach 10 bis 15 Jahren auf die Frage, was sie denn gelernt haben, nichts antworten können als: die beiden Teile des Alexander. „So kommt es, dass die meisten, welche Magister der Philosophie oder der sieben freien Künste heissen, wenn sie die Hochschule

---

[1]) Dies spricht z. B. die Vorrede zum Isidon. aus; ebenso Adolescentia Vorrede: Ad puerorum praeceptores, ut doceant eos utilia.
[2]) Adol. Vorrede Ad . . . praeceptores: speculationibus infecundis opinionibus verborum ambagibus etc.
[3]) Wir finden dieselben Vorwürfe bei ihm, wie z. B. bei Erasmus, vgl. Tögel, Die pädagog. Anschauungen des Erasmus. Diss. 1896.
[4]) Isidon. 17.

verlassen oder mit gebildeten Leuten zusammentreffen, nicht im Stande sind, lateinisch zu sprechen oder einen lateinischen Brief zu schreiben oder ein Gedicht in lateinischer Sprache zu verfassen; sie vermögen es selbst nicht eine Geschichte lateinisch zu erzählen oder das kürzeste Kirchengebet ... zu erklären."[1]) So genügen sie nicht den bescheidensten Anforderungen ihres Berufs.[2]) Ja manche sind in einem Alter noch Schüler, wo sie schon lange Magister oder Doktor sein könnten.[3])

Aus alledem geht hervor, dass man beim Unterrichte einen falschen Weg geht. Ein kurzer, gerader Weg zu dem Ziel scheint ihm der natürlichste und einzig angemessene zu sein.[4]) Einen Weg zu weisen, der zum Ziel führt, ist ja die Absicht seines Wegweisers (Isidoneus). Sehen wir uns da nun einmal die Vorwürfe, die er der alten Methode macht, an, das wird uns ganz von selbst auf seine abweichenden Ansichten führen. Zunächst noch zwei Bemerkungen.

Man hat aus dem Umstande, dass er die alten Lehrbücher Donats und Alexanders beibehalten wolle, geschlossen[5]), dass er noch vollständig in der mittelalterlichen Methode befangen sei. Doch dass er diese Bücher beibehielt, geschah wohl nur, weil er nicht mit dem Schlechten auch zugleich das Gute verwerfen wollte. Die Schwächen und Mängel derselben sind ihm bekannt und eine Hauptaufgabe bei Begründung einer neuen Methode scheint ihm darin zu bestehen, auf diese hinzuweisen, den Lehrer zu einer von Donat und Alexander unabhängigeren kürzeren Lehrweise zu bringen. Neue gute Bücher, lateinische Grammatik zu lehren, lagen ja auch nicht vor, und was die humanistische Zeit in dieser Hinsicht geleistet hat, ist nur wenig Hervorragendes.[6])

Noch ein zweites ist zu erwähnen, was betreffs Wimphelings auch zu vielen Missverständnissen geführt hat. Es ist die Empfehlung der alten lateinischen Autoren aus nachklassischer und mittelalterlicher Zeit. Auch sie erklärt sich psychologisch daraus, dass Wimpheling nicht den wertvollen Inhalt dieser für die Kirche, ihre Lehre und ihre Sitten wichtigen Bücher entbehren zu können meint. Über die Grundsätze, welche ihn bei der Auswahl der Schriftsteller leiten, reden wir weiter unten.

Verwirft er also auch nicht, was so mancher entschiedenere Humanist verwirft, so sucht er doch gewisse eingerissene Missbräuche abzustellen.

---

[1]) Isid. 17, fol. VIIIa.
[2]) Isid. Vorrede.
[3]) Isid. 17, fol. VIIIa.
[4]) Isidon. 26.
[5]) Z. B. H. Schiller, S. 90.
[6]) Vgl. Paulsen, S. 26.

I. Interesse.

α) Unmittelbares Interesse.

In der Vorrede zum Isidoneus Germanicus[1]) bemerkt er: ein Doppeltes lehre die Methode, nämlich die rechte Auswahl des Stoffes und die richtige Darbietung desselben. Dabei wiederholt sich dann vor allem der Vorwurf, dass im Unterricht nicht die richtige Reihenfolge in der Darbietung des Unterrichtsstoffes gewahrt werde.[2]) Ohne rechte Ordnung bietet man den Kindern von Anfang an allerlei Stoff dar, und zwar — das ist der 2. Vorwurf — viel zu viel. Unter dieser Menge gebotenen Stoffs — das ist der 3. Vorwurf — aber ist nur das Allerwenigste von Wert für den Schüler; es sind leere, inhaltlose Worte für sie, Spreu, unter der sich kaum zwei Körnchen finden.[3]) Vor allem erscheint ihm die spitzfindige und bis ins Kleinste gehende Zergliederung eines gegebenen Stoffs vom Übel. Durch ein derartiges Verfahren wird nicht Übersicht über den Stoff, sondern gerade das Gegenteil, ein wildes, unentwirrbares Durcheinander hervorgerufen, der kindliche Geist wird verwirrt.[4]) Wimpheling sieht also sehr wohl, dass bei einem solchen Betrieb des Unterrichts das Interesse der Schüler schwinden muss. Er bezeichnet ein derartiges Lehren geradezu als inhaltlose und abstossende Redereien.[5]) Dagegen soll es ja gerade die Absicht des Lehrers sein, ,,dass der Schüler sich mit Feuer und Flamme dem Studium widme."[6]) Es soll in ihm freie Wissbegierde erzeugt werden.[7]) Wir würden heute sagen: der Lehrer soll vor allem das Interesse seiner Schüler wecken und wach halten.

Wie kann das am besten geschehen und wie kann das Schwinden des Interesses verhütet werden?

Ist durch die Beschränkung auf ein Hauptfach, die lateinische Sprache, eine gewisse Beschränktheit des Unterrichtsstoffs, und damit eine gewisse Gleichförmigkeit desselben gegeben, so kann diese doch auch nicht ermüdend wirken; denn gerade durch diese Sprache und ihre reiche Litteratur soll ein Interesse für allerlei Gegenstände erregt werden. Dass das nicht zur Zersplitterung der Kräfte führe, dafür sorgt wiederum die Beschränkung auf eine gewisse Anzahl Schulschriftsteller. Es gilt also den Stoff der Lektüre so auszuwählen, dass auch andere Wissenschaften und

---

[1]) Isid. Vorrede: quibus rudimentis et quonam ordine inventus sit instituenda.
[2]) Isidon. Vorrede.
[3]) ibid.
[4]) Isidon. 13.
[5]) Isidon. 26.
[6]) Isidon. 29.
[7]) Isidon. 30.

Kenntnisse bei dieser (neben der Sprache selbst) mit erlernt werden können. Wimpheling hat sich noch so manches als Unterrichtsstoff gedacht. Wir werden weiter unten betrachten, wie er mehr oder minder ausführlich auch von religiöser Belehrung, sowie vom Unterricht in Geschichte und anderen Realien redet. Er fühlt die Notwendigkeit, den Unterricht dadurch zu beleben, dass er Stoff heranzieht, der dem Kinde lebendige Anschauung, etwas Konkretes giebt; er fühlt, dass die abstrakten moralischen Belehrungen, wie er sie in der Adolescentia giebt, doch dem Kinde, das fesselnde Bilder vor seinem Auge sich entrollen sehen will, nicht genügen. So flicht er denn zwischen die Prosastücke der Adolescentia poetische mit ein. So sehen wir, wie ihm bereits die Erkenntnis aufgeht, dass der grammatisch-philologische Unterricht das Gemüt des Kindes nicht zu befriedigen vermag, und dass man dem Kinde Bilder des Lebens bieten müsse. Die Lektüre, die er deshalb so in den Vordergrund rückt, soll im Schüler die Teilnahme für den mannigfachen und den Geist bildenden Inhalt derselben wachrufen. Er soll so veranlasst werden, auch später nützliche und die geistige Bildung fördernde Bücher zu lesen.[1]) Die religiöse Unterweisung soll in ihnen das Interesse an dem Wohle der Kirche und an der Verbesserung der religiösen, kirchlichen und sittlichen Zustände Deutschlands erwecken. Der Unterricht in der Geschichte soll Sinn für den Staat und das Gemeinwesen hervorrufen und kräftigen, Begeisterung für das deutsche Vaterland und das deutsche Volk erzeugen.

Um aber niemals das Interesse erlahmen zu lassen, gilt es auf das sorgfältigste den Stoff auszuwählen und nach bestimmten Grundsätzen darzubieten. Was die Auswahl des Stoffs anbetrifft, so ist schon erwähnt, dass massgebend hier vor allem der religiössittliche Wert ist, daneben der praktische Nutzen des Stoffs im weitesten Sinn, schliesslich auch die Art der Sprache. Das letztere werden wir bei Gelegenheit des Lateinunterrichts näher erörtern. Die Anordnung erfolgt aber vor allem nach dem Grundsatz vom Leichtern zum Schwerern.[2]) Diese Forderung scheint uns eine sehr billige Weisheit zu enthalten, und dennoch ist sie bemerkenswert, weil dafür in seiner Zeit so wenig Verständnis vorhanden war, und weil gegen diesen Grundsatz nach Wimphelings eigenen Äusserungen und nach denen zahlreicher Humanisten so unendlich viel gesündigt wurde. Und Wimpheling hat mit dieser Forderung auch Ernst gemacht. Wir werden das bei der Behandlung der Unterrichtsmethode der einzelnen Fächer beobachten können. Mit diesem Grundsatz hängt ein anderer aufs engste zusammen, es ist der, dem Schüler nichts zu bieten, was seine Fassungskraft über-

---

[1]) Germ. 24, Anfang.
[2]) Isidon. 31, am Ende.

steigt; am besten werden diese beiden Grundsätze wohl im Isidoneus Germanicus[1]) ausgesprochen. „Die Lehrer," heisst es da, „sollen sich mit aller Sorgfalt davor hüten, den Schülern einen Unterricht zu erteilen, welcher sich den Anlagen derselben nicht angepasst hat oder denselben nicht entspricht und über ihre Kräfte und ihren guten Willen hinausgeht. So treiben es sehr viele, welche mehr zu ihrer eigenen Fortbildung und Schulung als zur Förderung ihrer Schüler Schwieriges und Dunkles, wo möglich des Boethius Schrift „Über die Tröstungen der Philosophie" und anderes dieser Art ohne Rücksichtnahme auf die besondere Geartung des Stoffes in unvernünftiger Weise eintrichtern und damit die Kräfte des Geistes lähmen. Der Aufstieg zum Schwereren geschehe allmählich, je nach der Fassungskraft des Geistes und mit Rücksicht auf die Zeit und das Lebensalter." Aus diesen letzten Worten geht hervor, dass der Grundsatz vom Leichtern zum Schwereren auch bei der Verteilung des Stoffs auf die verschiedenen Altersstufen angewandt werden soll.

Noch ein so allgemeiner Grundsatz ist zu erwähnen: Man soll den geraden Weg zum Ziele gehen.[2]) Nicht soll der Schüler verwirrt werden durch allerlei Abschweifungen, durch Eingehen auf schwierige und weit ab liegende Fragen, nicht soll man immer auf die tiefsten Gründe aller Erscheinungen zurückgehen. Hier wendet er sich vor allem gegen die philosophische Behandlung der Grammatik[3]), wie sie durch Alexanders Doctrinale und die zahlreichen Kommentare zu diesem und Donat üblich geworden war. Auf diesem Wege kommt man gar nicht oder nur sehr langsam zu dem eigentlichen Ziel des Unterrichts.[4])

Endlich würde als Grundsatz noch hinzukommen: Nicht zu viel auf einmal. Der Schüler soll nicht über seine Kräfte belastet werden.[5]) — Dagegen soll der Lehrer den Schüler veranlassen, neu Gelerntes immer wieder durchzuarbeiten und zu überdenken, um es sich wirklich zu eigen zu machen.[6]) — Es ist der Gedanke, dass nur allmählich geistiger Stoff von dem Schüler angeeignet werden kann, der hier zu Grunde liegt.

Daneben findet sich auch die Bemerkung, dass nicht alle Schüler in gleicher Weise und mit gleicher Schnelligkeit apperzipieren[7]), den einen gilt es anzuspornen, um ihn zur Aneignung

---

[1]) Isidon. 31.
[2]) Isidon 26, fol. XVb. ad explicandum Romanum sermonem quo brevius potestis vestros alumnos fideliter erudire.
[3]) Isidon. 26.
[4]) Isidon. 17, fol. VIIIa.
[5]) Isidon. 30. Memorque Terentiani verbi ne quid nimis puerum nequaquam supra vires oneret. fol. XVIIIa.
[6]) Isidon. 20, am Ende. Isidon. 29. lecta meditetur. Isidon. 30, fol. XVIIIa.
[7]) Isidon. 30, fol. XVIIIa unten.

des Stoffs zu veranlassen, den andern, der sich leicht überstürzt, zurückzuhalten, um ihn zu ordentlicher, sicherer Aneignung zu zwingen. — Die Bedingungen zu einer sicheren Apperzeption sind auch nicht immer die gleichen, was das eine Mal nicht in den Kopf des Schülers eingehen will, geht ein andermal ganz leicht.[1]) Das eine Mal ist eben das Interesse des Schülers irgendwie abgelenkt oder sein Geist besitzt nicht die nötige Frische.

Wir sehen, es ist Wimphelings Scharfblick nicht entgangen, dass vor allem die Teilnahme des Schülers erregt sein muss, wenn das Ziel des Unterrichts erreicht werden soll; dies muss zunächst durch den Stoff des Unterrichts geschehen. Der Schüler muss sich daran begeistern, er muss ihn so fesseln, dass er sich selbständig damit beschäftigt. Freilich giebt es auch Fächer, wo das nicht ohne Weiteres vorausgesetzt werden kann; hier ist nun Wimpheling nicht entgangen, welche Bedeutung die Persönlichkeit des Lehrers für den Unterricht hat.

Es ist nicht das stoffliche Interesse allein, ja nicht einmal in erster Linie das zunächst den Schüler beherrscht, sondern zuerst und auch vielfach noch später das Interesse an der Person des Lehrers. So schliesst denn Wimpheling an das Kapitel von der Lehrweise[2]) ein Kapitel über die Eigenschaften eines guten Lehrers an.[3])

β) Mittelbares Interesse.

Zunächst soll der Lehrer den Stoff, den er unterrichten will, selbst ordentlich verstehen, sonst vermag er ihn ja nicht klar und anschaulich zu bieten. Zweitens soll der Lehrer in sittlicher Hinsicht ein Vorbild sein, er soll, was er lehrt, im Leben verkörpern. Der Lehrer soll freundlich und mild, ein Vater gegen seine Schüler sein, anregend in seiner ganzen Weise, denn die Schüler sollen ja zur Mitarbeit, zum Fragen, veranlasst werden und auf diese letzteren soll der Lehrer gern eingehen. So erregt er durch seine Persönlichkeit Lust zum Lernen, Freude am Unterrichtsstoff. — In dieser Mahnung zu freundlicher liebevoller Behandlung der Schüler verrät sich ganz und gar der Humanist, der Geistesverwandte eines Erasmus; dem Mittelalter lag ein derartiges Ideal des Lehrers ganz fern. Durch diese, die Herzen der Kinder gewinnende Freundlichkeit wird bei diesen denn auch das Interesse für den Unterricht erweckt. — Daneben dürfen wir freilich nicht verschweigen, dass Wimpheling die Jugend in mittelalterlicher Weise beständig überwacht und in einer gewissen Furcht erhalten

---

[1]) Isidon. 30.
[2]) Isidon. 29. de modo et ordine docendi.
[3]) Isidon. 30. de conditionibus boni praeceptoris.

wissen will.¹) Wir sehen, er steht noch mit einem Fuss im Mittelalter.

Mögen auch die Bemerkungen Wimphelings über Aufgaben und Pflichten des Lehrers vielfach auf Quintilian zurückgehen ²), so geht doch aus allem, was er auch sonst sagt, hervor, dass er die grosse Bedeutung der Persönlichkeit des Lehrers für die Unterrichtsmethode und den Erfolg des Unterrichts sehr wohl erkannt hat.

Dass die Bemerkungen hierüber nicht zahlreich sind, darf uns nicht wundern, denn wir müssen uns daran erinnern, dass er an den ersten Unterricht, an den Elementarunterricht, nicht denkt; bei diesem aber spielt ja die Frage, wie das Interesse des Schülers erst auf den Lehrer als Persönlichkeit, dann auf den Unterrichtsgegenstand, erst nur auf die Form, dann auch auf die Sache und damit auf das eigentliche Ziel der Belehrung geführt werden soll, eine grössere Rolle.

Ein Mittel, das Interesse der Kinder für den Unterricht zu erwecken, erscheint ihm dagegen, und das erklärt sich auch daraus, dass er grössere Schüler im Auge hat, besonders wichtig und wirkungsvoll, nämlich der Hinweis auf den Nutzen der Wissenschaft.

Man soll die Knaben darauf hinweisen, wie sie durch die Kenntnis der Wissenschaften ³) höhere soziale Stellungen einnehmen können, wie sie dadurch ein bequemeres Leben haben, wie sie sich vor Not, ihre Familien vor Verlust ihres Ansehens bewahren können.

Man soll die Kinder darauf aufmerksam machen, dass der Unwissende leicht in allerlei Sünden verfällt, dass er schnell auf den Weg zur Hölle gerät, dass er statt Ruhm und Ehre nur Schande und Verachtung ernten wird.

So ist es also das Interesse an einer gesicherten Existenz, das Interesse am Ansehen der Familie, das Interesse an einer angesehenen Stellung unter den Menschen, am Gedeihen des Vaterlandes, an seinem Seelenheil, das in dem Zögling geweckt werden soll.

Vor dem gröbsten Mittel Interesse zu erregen, vor der in den Kindern zu erzeugenden Furcht vor Strafe warnt er mannigfach. Zwar führt er es mit an unter den Mitteln auf den Zögling zu wirken⁴), aber er unterlässt doch nicht den Lehrer zu mahnen, hier Mass zu halten.⁵) Vor allem während des Unterrichts selbst

---

¹) Adol. 28, 35.
²) H. Schiller, S. 90, bezeichnet sie als trivial und Abklatsch Quintilianischer Ansichten; er meint dabei besonders Isidon. 30.
³) Isidon. 30.
⁴) Adol. 30. Adol. 8.
⁵) Isidon. 30.

und als Mittel, den Schüler zur Erfassung des Stoffs zu bringen, verwirft er es ganz; er meint, der Lehrer solle nicht einmal mit dem Finger das Haupt des Knaben berühren.[1]) Dabei erwähnt er auch, dass es falsch sei, dem Schüler zu sehr zuzusetzen, wenn er etwas nicht fassen kann; man merkt den erfahrenen Pädagogen aus dieser Bemerkung, der da weiss, dass bei allzuheftigem Drängen in den Schüler die Fassungskraft gleichsam gelähmt und die Teilnahme für den Gegenstand ganz vernichtet wird. Er hat es erfahren, dass sich im Unterricht nichts mit Gewalt erreichen lässt.

Als ein wichtiges Mittel, das Interesse des Schülers anzuregen, kennt Wimpheling auch Lob und Tadel. Er weiss, dass die Freude über ersteres und der Schmerz über letzteres wichtige Mittel sind, um den Schüler zur Teilnahme zu bewegen, Ehrtrieb und Streben nach Lob sind dem Kinde angeboren, besonders dem begabten.[2]) Das Lob muss so gespendet werden, dass es den, dem es gilt, nicht übermütig macht; er möchte sonst etwa nachlassen. Die anderen Schüler aber, die es hören, dürfen dadurch nicht gedemütigt und abgeschreckt, sondern müssen vielmehr angefeuert werden zu neuem Streben, zu um so regerer Teilnahme am Unterricht.[3]) Der Tadel muss ohne Bitterkeit und Kränkung gegeben werden, denn, sagt Wimpheling, „es haben sich schon viele vom Studium abwenden lassen, wenn die Lehrer dieselben in einer Weise tadelten, als ob sie dabei von Hass gegen dieselben geleitet würden."[4]) Also der Tadel soll nicht abschrecken, sondern nur ein Reiz zu erneuter Anstrengung sein.

II. Konzentration des Unterrichts.

α) Ein Lehrer.

Durch freundliche und liebevolle Behandlung, die den Schüler im Lehrer einen Freund sehen lässt[5]) und mit Liebe zum Lehrer erfüllt, wird das Interesse des Schülers allezeit aufrecht erhalten. Er wird schon um des Lehrers willen gern und freudig arbeiten.

Um dieses Verhältnis zwischen Lehrer und Schüler recht innig zu machen, wird vorausgesetzt, dass in der Regel nur ein Lehrer den Unterricht erteilt, denn seine Zeit kennt ja das Fachlehrersystem noch nicht, Wimpheling verwirft sogar ausdrücklich den Wechsel der Lehrer.[6]) So ist denn schon durch die Persönlichkeit des Lehrers ein natürlicher Mittelpunkt für den Unterricht

---

[1]) Isidon. 30. pueri caput ne digito quidem attingat. fol. XVIIIa.
[2]) Adol. 8.
[3]) Adol. 8, 51. Isidon. 30.
[4]) Isidon. 30, fol. XVIIb.
[5]) Isidon. 30.
[6]) Isidon. de uniformitate doctrinae etc. (cp. 31.) fol. XVIIIb. apud unum et eundem praeceptorem.

gegeben. Dieser Lehrer, der treue Freund und gleichsam der Vater des Schülers wird auch am besten imstande sein, eine Zersplitterung der Kräfte und Zerstreuung zu verhüten. Doch wird die Einheit und Gleichförmigkeit des Unterrichts nicht allein durch den einen Lehrer hergestellt, sondern besonders auch durch eine überall gleiche Methode.[1])

β) Eine Methode.

Von einer Gleichförmigkeit der Methode in ganz Deutschland verspricht sich Wimpheling ganz besonders viel für den Unterricht. Freilich hat er nicht näher auseinandergesetzt, wie er sich eine solche denkt. Ob man sich bloss in den Grundzügen über eine solche einigen, oder ob auch bis ins einzelne hinein alles gleichmässig geordnet werden solle, geht aus seiner Äusserung nicht hervor. Ich glaube bei dem gesunden Gefühl für das praktisch Durchführbare, das wir ihm nicht absprechen können, dürfen wir wohl nur an ersteres denken. Nicht eine bis ins einzelne hinein sich erstreckende Lehrordnung, (wie hätte sich bei dem Mangel jeder einheitlichen Leitung des Unterrichtswesens in Deutschland eine solche auch durchführen lassen?) sondern nur eine die wichtigsten Punkte des Unterrichts (wie Auswahl des grammatischen und Lektürestoffs) betreffende Vereinbarung zwischen den Lehrern Deutschlands wird er wohl gewünscht haben. Er verspricht sich von einer solchen grösseren Gleichmässigkeit wohl überhaupt eine Verbesserung der gesamten Unterrichtsmethode. Es ist das humanistische Streben nach Verbesserung der Unterrichtsweise, das jene Äusserung hervorrief. Eine solche soll eben bessere Erfolge verbürgen.

γ) Einheit durch die lateinische Sprache.

Genaueres darüber, wie sich Wimpheling den Zusammenhang zwischen den einzelnen Fächern denkt, ist schwer festzustellen; ihren natürlichen Zusammenhang haben sie ja im Lateinunterricht, denn aller Unterricht ist ja zunächst Sprachunterricht; und mit der Methode desselben beschäftigen sich deshalb seine Schriften. Durch das Lateinische wird aber auch Belehrung in anderen Gegenständen mit erfolgen; die Lektüre, die ihre Gegenstände aus den verschiedensten Gebieten wählt, bildet hier ein einigendes Band; ein anderes solches ist dadurch gegeben, dass aller Unterricht im Dienste sittlicher Belehrung und Bildung stehen soll. Solche zu geben ist ein Zweck aller einzelnen Unterrichtsgegenstände.

---

[1]) Isidon. ibid. Am Anfang.

δ) Andere Fächer.

Am nötigsten scheint ihm darum der Unterricht in Religion zu sein, ja er will die Hauptsachen desselben sogar dem eigentlich grammatischen Unterrichte vorausschicken [1]); erst dann kommt der grammatische Unterricht, der zur Lektüre der Prosaiker und Dichter überleitet [2]), aus denen der Schüler die nötige geistige Gewandtheit gewinnen wird, um sich Fachkenntnisse für seinen Beruf anzueignen. [3]) — Daneben sollen religiös-sittliche Belehrung und geschichtliche Kenntnisse dem Schüler jederzeit übermittelt werden.

Wie er sich die sprachliche und sachliche Behandlung der Schriftsteller denkt, wird weiter unten erörtert werden.

Die Art, wie der Stoff dem Schüler geboten wird, ist, wie in der ganzen Zeit, noch die alte. Der Lehrer diktiert und erklärt, der Schüler lernt auswendig, oder sucht sich wenigstens einzelne Worte und Wendungen anzueignen, um sie in eigenen Ausarbeitungen anzuwenden. Doch geht Wimpheling hier insofern über diese den Schüler allzusehr zur Passivität verurteilende Methode hinaus, indem er empfiehlt, ihn zu selbständigen Fragen aufzufordern. [4]) Im übrigen kennt er nur die üblichen Disputierübungen und schriftlichen Ausarbeitungen. [5])

In dieser Hinsicht steht er also noch sehr unter dem Einflusse der alten Zeit; doch erhebt er sich über diese durch die Forderung, den Schüler nicht mit Stoff zu überladen, sein Interesse für den Unterricht durch die verschiedensten Mittel rege zu machen, die Kenntnisse in einer methodisch richtigeren Weise, vor allem durch allmähliches Fortschreiten vom Leichteren zum Schwereren, zu übermitteln, ferner auch solche Dinge zu lehren, die nicht nur der intellektuellen, sondern auch der moralischen Bildung von Wichtigkeit sind, sowie auch Rücksicht auf den Beruf des Kindes im späteren Leben zu nehmen.

Es ist wohl nicht zu leugnen, dass Wimpheling mit diesen Forderungen sich schon um ein Beträchtliches über den herkömmlichen Betrieb des Schulunterrichts im ausgehenden Mittelalter erhebt, wenn er auch nicht den psychologischen Scharfblick des Erasmus besitzt. Aber indem Wimpheling immer wieder nach dem Gesichtspunkt des Nutzens im praktischen Leben seinen Stoff wählt und durch sein beständiges Moralisieren, das dem Kinde wohl die Freude am Lernen verderben muss, beweist er eine gewisse Beschränktheit, die, wie überhaupt seine ganze Zeit,

---

[1]) Isidon. 29, Anfang.
[2]) ibid. fol. XVIb.
[3]) ibid. Quibus poetis et oratoribus cognitis ad leges, ad canones, ad historias etc. adolescentuli non erunt inepti.
[4]) Isidon. 30.
[5]) Isidon. 29.

noch nichts davon weiss, dass das Kindesalter etwas an sich Berechtigtes ist, dem man in keiner Weise ihm Fremdartiges aufdrängen soll.

b) Spezielle Unterrichtsmethode.

Wenn wir nun dazu übergehen, noch einiges über die Unterrichtsmethode einzelner Fächer festzustellen und zu beobachten, wie er seine Unterrichtsgrundsätze anwendet, so müssen wir zunächst festhalten, dass er eigentlich nur an den Lateinunterricht denkt und dessen Methode behandelt. Dies bedarf keines weiteren Beweises oder einer besonderen Erklärung; war diese Sprache doch die Vermittlerin gelehrter Bildung, und um solche handelt es sich bei ihm ja nur; diese Sprache ist eigentlich der einzige Unterrichtsgegenstand in seiner Zeit und sogar die Gelehrtenschule des 17. Jahrhunderts kennt neben dem Latein kaum ein anderes Fach.

Dennoch dürfen wir, wie schon aus dem vorigen sich ergiebt, schon bei ihm vom Betrieb anderer Unterrichtsfächer reden; wie Kenntnisse in Religion und auch in manchen Realien übermittelt werden können, hat er vielfach angedeutet; freilich sind alle diese Bemerkungen verstreut in seinen Schriften und vielfach verquickt mit andere Dinge betreffenden. Was sich feststellen lässt, soll im folgenden gegeben werden.

Zunächst müssen wir uns natürlich mit der Methode des lateinischen Sprachunterrichts beschäftigen.

I. Lateinische Sprache.

α) Verwendung des Deutschen dabei.

Man kann als sicher annehmen, dass Wimpheling beim Unterricht in der lateinischen Sprache zunächst das Deutsche als Unterrichtssprache verwendet hat; hat doch das ganze Mittelalter sich sicher zum lateinischen Elementarunterricht der deutschen Sprache bedient. Aus dem Umstand, dass sämtliche Grammatiken des Mittelalters lateinisch abgefasst sind, das Gegenteil folgern zu wollen, dürfte ebenso thöricht sein als aus dem Umstand, dass wir lateinisch geschriebene Predigtsammlungen haben, den Schluss zu ziehen, dass im Mittelalter in lateinischer Sprache gepredigt worden sei. — Mag man auch im Mittelalter und noch zur Zeit des Humanismus und der Reformation darauf ausgegangen sein, lateinisch sprechen zu lehren, so hat man bei dem grossen Gewicht, das man dem Betrieb der Grammatik beilegte, doch sicher nie ganz auf die Muttersprache verzichten können.[1]) Sie war das

---
[1]) cf. Paulsen, S. 25.

nun einmal nicht zu entbehrende Verständigungsmittel im ersten lateinischen Unterricht. Dass auch Wimpheling die deutsche Sprache im Anfangsunterricht verwendet wissen will, ergiebt sich meiner Ansicht nach schon aus dem Anfang seines Isidoneus Germanicus. Wenn der Lehrer mit Aussprachcübungen anfangen soll, so kann er sich auch zur Erläuterung gewiss nicht der noch unbekannten Sprache bedienen.[1])

β) Aussprache.

Auch erscheint ihm das Lateinsprechen erst als ein Ziel des ganzen Unterrichts.[2]) Ist Lateinisch sprechen zu lernen als das wichtigste Ziel des Unterrichts in dieser Sprache anzusehen, denn noch war es ja Gelehrten- und Diplomatensprache, nötig für jeden, der eine führende Stellung im Leben einnehmen wollte, dann muss es auch besonders wichtig sein, sich einen Schatz der Wörter anzueignen, die Dinge des gewöhnlichen Lebens bezeichnen.[3]) Ferner, soll das Lateinische als Sprache des internationalen Verkehrs dienen, so ist es auch nötig, eine solche Aussprache zu lehren, die sich von den Eigentümlichkeiten des Dialekts und der Sprache des Geburtslandes möglichst frei hält.[4]) Darum soll der Unterricht damit beginnen, die reine Aussprache jedes Lautes, zunächst der Vokale, sodann der Silben und Worte zu lehren.[5]) Auch über Länge und Kürze der Silben muss der Unterricht eine gewisse Belehrung erteilen.[6]) Es giebt ja im Lateinischen, so meint Wimpheling[7]), eine feststehende Aussprache, die nicht verloren gehen darf. Darum wohl auch empfiehlt er den Schülern das laute Lesen.[8]) So ist also Ausbildung des Sprachorgans das erste, gleichsam die erste Stufe des Sprachunterrichts, die Vorbereitung zur zweiten, der des richtigen Lesenlernens.

γ) Wortschatz.

Mit dem Lesenlernen verbindet sich die Erlernung der Vokabeln. Zur leichteren Erreichung dieses Ziels empfiehlt er, die Wörter in Gruppen zusammenzustellen. Zunächst werden die Bezeichnungen für die Teile des menschlichen Körpers, auch für die inneren Organe

---

[1]) Vgl. auch Isidon. cp. 29.
[2]) Isidon. 26, Anfang.
[3]) Isidon. 19.
[4]) Isidon. 2.
[5]) Isidon. 1.
[6]) Isidon. 24.
[7]) Isidon. 1. Ende.
[8]) Isidon. 29 solus etiam clare legat, fol. XVIIa.

mit, erlernt.¹) Dann folgen die für Dinge der Umgebung, wie Namen der Tiere, Pflanzen und der Erzeugnisse jeglicher Kunst.²) Erst dann kommen gewisse verbale Redewendungen an die Reihe, das Interesse für diese wird dadurch rege gehalten, dass dabei auf die andere Denkweise des Lateinischen hingewiesen wird; dadurch wird das Sprachgefühl entwickelt, das Sprachbewusstsein geweckt.³) —

δ) Grammatik.

Es empfiehlt sich auch, Wörter gleicher Abstammung nebeneinander zu stellen, besonders wo es sich um Abstrakta handelt, wie grammatische Benennungen, die dem Schüler immer zu merken schwer fallen. Bei solchen Übungen werden dem Schüler zugleich die verschiedenen Wortklassen in ihrer Bedeutung und ihrem Unterschied gelehrt, dann schliesst sich auch leicht die Flexion von Substantiv, Adjektiv, Pronomen, Verbum daran.⁴) Nachdem so eine sichere Grundlage in dem, was wir jetzt die Formenlehre nennen, gelegt ist, soll zu den grammatischen Regeln, d. h. zur Syntax, übergegangen werden.

Gelehrt soll die Grammatik natürlich nach den vom Mittelalter überlieferten Büchern des Donat und Alexander, für die Wimpheling ja noch eintritt, werden, daneben sei auch die regula puerorum gut zu benutzen.⁵) Dabei warnt Wimpheling aber, durch Benutzung verschiedener Grammatiken den kindlichen Geist zu verwirren.⁶)

ε) Lektüre.

Hat man die Grundzüge des Lateinischen aus der Grammatik gelernt, so soll möglichst schnell zur Lektüre gegangen werden⁷), denn sie vermag den jugendlichen Geist viel mehr zu fesseln als die Grammatik. Wir werden denn auch sehen, dass Wimpheling

---

¹) Isidon. 19, Anfang. — Es ist dieselbe Forderung, die Pestalozzi später erhebt (cf. Freundgen, S. 116, Anm.), eine Forderung, die auch von der Methodik des modernen fremdsprachlichen Unterrichts wieder aufgenommen worden ist, vgl. z. B. Rossmann u. Schmidt, Lehrb. d. franz. Sprache.
²) Isidon. 19.
³) Isidon. 19, Anfang, vgl. den Hinweis auf die Verschiedenheit lateinischer und deutscher Ausdrucksweise.
⁴) Isidon, cp. 5 ff.
⁵) Isidon. 14. de regula puerorum.
⁶) Vgl. auch Diatribe, cp. 2.
⁷) Isidon. 17. Inhibitis enim brevissimo tempore grammaticae rudimentis (quantum ad concinnitatem locutionis attinet) traducunt eos ad poetas, ad oratores, ad historicos. fol. VIIb, VIIIa.— cf. auch Adol. 1. Diatribe 4.

weniger die Form als den Inhalt der Schriftsteller schätzt, in dieser Hinsicht im Gegensatz zu manchen Humanisten, denen die Form alles war. Der Zweck der Lektüre ist natürlich zunächst Kenntnis der Sprache und Gewandtheit in der lateinischen Ausdrucksweise; darum treten zur Lektüre andere Übungen, die den Schüler daran gewöhnen sollen, seine Gedanken in der fremden Sprache auszudrücken, schriftliche Ausarbeitungen und Disputierübungen[1]). Auch die Gelegenheit, mit Ausländern in dieser Sprache zu reden, soll er nicht vorübergehen lassen.[2]) — Zur Belehrung in der Grammatik soll auch eine solche in der Metrik kommen.[3]) Dagegen soll der Lehrer nicht darauf ausgehen, eine Entstehung und Begründung des Wortsinns zu geben[4]), ein bedeutsamer Unterschied vom mittelalterlichen Betrieb, dem dergleichen gerade Hauptsache war. Wir sehen, wie Wimpheling seinen methodischen Grundsatz, nichts dem Schüler Unverständliches zu bieten, befolgt, wie er überall nur das, was das Interesse des Kindes erregen kann, gelehrt wissen will und wie sich eines auf dem andern aufbaut.

Noch erübrigt es, über den von Wimpheling aufgestellten Kanon der zu lesenden Schriftsteller zu reden. Insbesondere wird es sich dabei darum handeln, festzustellen, nach welchem Grundsatze die einzelnen Schriftsteller ausgewählt sind.

ζ) Kanon der Schriftsteller.

Im ersten Kapitel seiner Adolescentia giebt er eine Anleitung, welche Schriftsteller und in welcher Reihenfolge sie etwa zu lesen wären. Als einen Teil der Lektüre sieht er die Beschäftigung mit den Büchern des Donat und Sulpicius an. — Darauf beginnt er mit Basilius dem Grossen und dem Brief des Aeneas Silvius an König Ladislaus. Darauf möge man die Adolescentia[5]), die ja eine Chrestomathie enthält, nehmen. Endlich folgen Cicero, Sallust Seneca, Sueton, Valerius Maximus. Durch diese soll Verständnis für geschichtliche Überlieferungen und die christliche Geschichte erzeugt werden. Daran sollen sich dann noch schliessen: Otto von Freisingen, Lucian und Petrarca.

Dies ist nicht die einzige Stelle, wo er eine solche Zusammenstellung giebt, ausführlich findet sich auch eine solche im Isidoneus Germanicus.[6])

---
[1]) Isidon. 29, gegen Ende.
[2]) Adol. 7.
[3]) Isidon. 24.
[4]) Isidon. 18, Schluss.
[5]) Sie enthält Stellen aus der Bibel, Horaz, Gerson, Augustin, Pikus v. Mirandola, Bonaventura, Hieronymus, Franziskus, Philelphus, Ovid, Petrarca u. a.
[6]) Isidon. cp. 29, auch cp. 21. Diatribe 6.

Man sieht, es ist eine sehr bunte Auswahl von Schriftstellern, antike, mittelalterliche, neuere und neueste untereinander, die Rücksicht auf die Korrektheit der Sprache ist für diese Auswahl nicht massgebend gewesen, nur sachliche Rücksichten.

η) Erklärung der Schriftsteller.

Gehen wir von der in der Adolescentia selbst, im 2. Teil, gegebenen Anthologie aus. Diese schliesst sich von Kapitel 52 ab an eine Erörterung über die Pflichten eines Jünglings an, die er in einer Reihe von Vorschriften zusammenfasst (es sind 20 solcher leges). Schon in diese Kapitel sind mannigfache Citate eingeflochten, als Beweise für seine Anschauungen. Als solche einem bestimmten Zweck dienende Beweisstellen sind im Grunde genommen auch die von Kapitel 52 ab folgenden Dichtungen, Briefe, Erzählungen, Sprüche anzusehen. Ihr Zweck ist die Jugend zu Tugend und Weisheit zu führen. Das Endziel seiner Erziehung: die Unterweisung der Jugend in allem Guten und Gott Wohlgefälligen, die Stärkung und Kräftigung ihrer Anlagen zum Guten, die Zurückdrängung aller üblen Neigungen — haben auch den Grundsatz für die Auswahl des Stoffs gegeben.

Prüfen wir daraufhin einmal die Auswahl der im Isidoneus cp. 21 genannten Dichter. Er empfiehlt hier: Vergil, Lucan, Horaz, mit Ausnahme der Oden[1]), die Lustspiele des Plautus und Terentius, sodann von Prosaikern Cicero, Sallust, Valerius Maximus, Seneca und einige christliche und moderne. Zur Verwerfung mancher antiker, wie Ovid, Tibull u. s. w. führt ihn auch nur die Rücksicht auf ihren, das sittliche Gefühl der Jugend gefährdenden Inhalt. Ästhetische Gründe sind es hier also in erster Linie nicht, die ihn leiten. Dennoch ist es wohl auch die Rücksicht auf ihre gefällige Form, die ihn z. B. gerade Terenz und Plautus empfehlen lässt. Es scheint auch, als wenn er diejenigen Schriften der Alten bevorzugte, die mehr die Sprache des gewöhnlichen Lebens reden (Terenz, Plautus, Ciceros Briefe; auch die Ausschliessung der Oden des Horaz erklärt sich vielleicht zum Teil so), ganz begreiflich, denn das Lateinische soll ja Umgangssprache sein, nicht bloss Gelehrtensprache; steht es doch im Dienste praktischer Interessen (beim Staatsmann u. s. w.). So ist es auch die Rücksicht auf den Nutzen der Schriftsteller im praktischen Leben, die ihn bei seiner Auswahl mit leitet.

Wie er die einzelnen Schriftsteller auf die verschiedenen Stufen verteilen will, ist ja durch Anführung des Schrifsteller-

---

[1]) Übrigens hat er doch eine solche in seine Adolescentia aufgenommen (cf. Adol. cp. 66 aus Horaz, Oden IV, 7). Ebenso finden sich in diesem Buch Stücke aus Ovid und Martialis, die er beide Isidon. 21 ausschliessen will.

kanons aus Adolescentia cp. 1 eigentlich schon gegeben. Die Lehrbücher des Donat und Sulpicius geben den Stoff für die Unterstufe ab. Einer zweiten Stufe würden zugewiesen: Basilius der Grosse und der Brief des Aeneas Silvius an König Ladislaus, sowie die Adolescentia. Da Basilius ein griechisch schreibender Kirchenlehrer war, so muss man wohl an eine Übersetzung denken; wahrscheinlich ist, dass zu jener Zeit einzelnes aus dessen moralischen Traktaten und Briefen viel gelesen wurde, wohl auch in den Anthologien jener Zeit stand. — In allen drei dieser zweiten Stufe zugewiesenen Schriften würde der Jüngling ein nicht zu schwer zu verstehendes Latein und einen angemessenen, für die Jugend geeigneten Inhalt finden.[1]) Erst dann will er zu dem Schriftsteller übergehen, den man schon damals als hauptsächlichen Schulautor ansah, zu Cicero. Hier empfiehlt er so ziemlich dieselben Schriften, die auch jetzt noch Gegenstand der Lektüre in unseren Schulen sind. Es fehlen nur die Reden. Auf diesen soll Sallust, also ein Geschichtsschreiber, folgen, dann wieder ein schwerer philosophischer Schriftsteller als Cicero, nämlich Seneca, endlich ein schwerer zu verstehender Geschichtsschreiber, Sueton.

Diese Auswahl verrät zwar nicht gerade ein besonders feines ästhetisches Urteil, es liegt ihr aber doch wohl der Gedanke, vom Leichteren zum Schwereren vorzugehen, zu Grunde.

Es könnte bei der erwähnten Zusammenstellung von Schriftstellern scheinen, als ob Wimpheling überhaupt keinen Sinn für die grosse sprachliche Verschiedenheit von klassischen und nachklassischen und mittelalterlichen Schriftstellern habe. Auch das Festhalten an Donat und Alexander könnte missverstanden werden. Ich glaube sicher, dass es falsch ist, den Schluss zu ziehen, er wolle noch das Latein des Mittelalters in seiner, wie man sagt, barbarischen Form gelehrt wissen. Allerdings mag ihm das Bewusstsein dafür noch nicht ganz deutlich gewesen sein, aber er eifert doch an zu vielen Stellen für ein reines Latein und spottet über Fehler dagegen, als dass man in Abrede stellen könnte, dass er auch hierin unter dem Einfluss des Humanismus steht.[2]) — Ebensowenig wie aus der Empfehlung der alten Grammatiken dürfen wir aus der der mittelalterlichen Lateiner einen solchen Schluss ziehen. Die Kirchenschriftsteller, wie Ambrosius, Lactantius, Hieronymus, schätzt er wohl hauptsächlich ihres Inhalts wegen; im übrigen tritt er doch mit Eifer für klassische (Terenz,

---

[1]) Dass Wimpheling sich mit Anthologien aus Schriftstellern begnügt — auch bei den weiter unten genannten ist wahrscheinlich nur an Auszüge zu denken — und die Lektüre ganzer Werke doch wohl mehr der Privatlektüre und späterem Studium überlassen will, darf uns nicht wundern. Es ist sicher die Praxis seiner Zeit gewesen und auch noch die der folgenden Jahrhunderte. Vgl. z. B. Kämmel, Chr. Weise, S. 17.

[2]) Vgl. z. B. Isidon. 21, fol. XIIa. 24. Diatribe cp. 3.

Plautus, Cicero) und humanistische (Petrarca) Schriftsteller ein, sicher wegen ihres guten Lateins[1]), ausdrücklich empfiehlt er ja auch neuere Werke, deren Absicht ist, klassisches Latein wieder zur Geltung zu bringen, wie die des Laurentius Valla (libri VI elegantiarum sermonis latini sind wohl gemeint)[2]), die er den Lehrern zum Studium anrät. Auch sonst warnt er vor Fehlern und eifert gegen das barbarische Latein. Er erwähnt den falschen Gebrauch des Supinums und unklassische Partizipialbildungen.[3]) Ja er meint, dass gediegene Grammatiker sich nicht von den verderbten und entstellten Sprachformen, wie man sie in den Schriftstücken der Juristen finde, beeinflussen lassen sollten[4]); ferner erklärt er sich gegen jede Neubildung lateinischer Wörter, er nennt es eine Albernheit, dergleichen neue Wörter zu erfinden, die gar keine lateinischen seien, die auch die Römer nicht für solche ansehen würden, zudem erfreuten sich dergleichen Namen nicht allgemeiner Anerkennung, und es könne kommen, dass für dasselbe Ding allein in Deutschland fünfzig Namen existierten. Nicht minder verwirft er auch die latinisierten deutschen Wörter.[5]) Indem Wimpheling so gegen jede Fortbildung des Lateinischen sich erklärt, spricht er aber dem mittelalterlichen Latein das Urteil, das ja als lebende Sprache in einer beständigen Weiterbildung war. Das mittelalterliche Latein hatte eine grosse Menge Neubildungen, sind diese zu verwerfen, so fehlt dieser Sprache überhaupt die Berechtigung. Freilich dies gilt es festzuhalten, die Grenze zwischen dem klassischen und dem nachklassischen Latein ist Wimpheling nicht recht klar; jedenfalls aber liegt sie für ihn nicht dort, wo sie für uns liegt.

So bleibt denn Wimpheling selbst hinter dem guten Willen, ein klassisches Latein zu schreiben, zurück, sein Latein klingt manchmal recht unbeholfen und stark mittelalterlich. — An der Gleichstellung der klassischen Dichter mit den kirchlichen Poeten ist auch sein nicht besonders entwickeltes ästhetisches Urteil mit schuld. Das Bestreben, die christlichen Dichter und Prosaiker ihres Inhalts wegen nicht aufzugeben, mag ihn auch dazu geführt haben, sich selbst halb absichtlich, halb unabsichtlich über den Wert ihres Lateins zu täuschen.

Wie Wimpheling sich die sprachliche und sachliche Behandlung der Schriftsteller gedacht hat, darüber giebt uns die Adolescentia Aufschluss, in deren zweitem Teil sich ja eine Reihe von Gedichten und Prosastücken findet, nach denen manchmal kurze

---

[1]) Isidon. 21, fol. XIIIa, nennt er diese Schriftsteller elegantes aut grandiloquos.
[2]) Isidon. 16, fol. Vb.
[3]) Isidon. 13.
[4]) Isidon. 13, am Ende.
[5]) Isidon, cp. 18.

Erklärungen eingeschaltet sind. Freilich geben sie zumeist wohl nur einige Winke in Bezug auf die Auslegung; er beginnt mit einer Auseinandersetzung über das Versmass, er giebt wohl auch gleich im Anfang den Grundgedanken des Gedichts an, dann folgt wohl eine kurze Erläuterung, sprachliche und sachliche Erklärung miteinander verbunden, am Schluss vielleicht eine Ermahnung[1]), oder er giebt wohl auch nach einer kurzen Bemerkung über das Versmass nur den Hauptinhalt an.[2]) Doch ist daraus nicht zu schliessen, dass er nicht eine sprachliche Behandlung des Gedichts will, er denkt sie sich wohl vorausgeschickt. Auch die Prosastücke sollen sicher so behandelt werden. Wenn, wie er das ja will[3]), durch die Lektüre besonders Stil und Ausdrucksweise gebildet werden sollen, so müssen die Schriftsteller natürlich auch besonders nach der sprachlichen Seite besprochen und betrachtet werden. Dass daneben aber auch der Inhalt zu seinem Rechte kommen soll, ist nach dem oben Gesagten selbstverständlich. Es ist also wohl anzunehmen, dass die sachliche Belehrung der sprachlichen folgt. Genaueres lässt sich darüber nicht sagen, und bewusste Formalstufen bei Wimpheling finden zu wollen, dürfte demnach unmöglich sein.

II Andere Fächer.

α) Religion.

Es bleibt uns noch übrig, etwas über die anderen Fächer, die nach seiner Absicht zu betreiben sind, zu sagen. Nur in Verbindung mit dem Lateinischen kommen sie zur Geltung.[4]) Diese Abhängigkeit alles Unterrichts vom Lateinunterricht war aus dem Mittelalter überliefert; sie ist also Wimpheling nicht zum Vorwurf zu machen, und findet sich im Grunde noch ebenso bei Erasmus.[5]) Es fragt sich nur, wie und inwieweit die Fächer dabei zu ihrem Rechte kommen. Wichtig ist ihm vor allem natürlich die Unterweisung in der Religion.[6]) — Als erstes ist hier das Glaubensbekenntnis zu lehren, denn erst muss man nach seiner Ansicht etwas von Gott wissen, ehe man sich bittend an ihn wenden könne. Auf das Glaubensbekenntnis sollen das Gebet des Herrn

---

[1]) Vgl. z. B. die Erklärung zu dem Gedichte des Martial (Epig. X 47) de tranquilla vita.
[2]) Vgl. z. B. die Erklärung zu Prospers: de vita christiana instituenda.
[3]) Isidon. 29
[4]) Adol. 1. German. 14.
[5]) Inwiefern Wimpheling in diesen Fehler der Vermischung der verschiedenen Disciplinen dadurch mehr als andere Zeitgenossen verfallen sei, dass er die Bildung in den Dienst der Kirche und des Vaterlandes stellt (Wiskowatoff, S. 58 und 59), vermag ich nicht einzusehen.
[6]) Isidon. 29, Anfang.

und andere Gebete folgen (der englische Gruss, Gebet vor und nach dem Essen). Dies soll der Anfang des Unterrichts überhaupt sein, erst wenn dies dem Christen Nötigste bekannt und geläufig ist, soll die Unterweisung in anderen Fächern, insbesondere der grammatische Unterricht, beginnen. Doch hat damit die Unterweisung in der Religion noch nicht ihr Ende erreicht. Zwischen die Klassiker soll man die Hymnen und kirchlichen Kollekten einfügen, auch christliche Dichtungen[1]) empfiehlt er zum Lesen, durch sie sollen religiöse Kenntnisse, sowie solche in der Geschichte der Kirche überliefert werden. Von Bibellektüre ist kaum die Rede, doch hat er z. B. in seine Adolescentia verschiedene Kapitel und Stellen aus biblischen Büchern aufgenommen. Zur weiteren Kenntnis der Religion und der Kirche soll schliesslich die Lektüre der kanonischen Vorschriften und der Schriften christlicher Prediger und Theologen beitragen.[2]) Zu religiös-sittlicher Unterweisung geben natürlich auch weltliche Dichter und Schriftsteller älterer und neuerer Zeit reichlich Anlass. Durch die Kenntnis der lateinischen Sprache wird es den Schülern möglich sein, dem Gottesdienst zu folgen und aus ihm Nutzen zu ziehen.[3])

β) Logik.

Im Anschluss an die klassischen Schriftsteller sind auch die im Mittelalter und noch später so geschätzten philosophischen Disziplinen der Logik und Dialektik zu lehren.

Von einer allzu eingehenden Behandlung derselben hat Wimpheling sicher nicht viel gehalten, da er ja überhaupt von den philosophischen, dialektischen Haarspaltereien des Mittelalters nichts hat wissen wollen. Es scheint vielmehr, als wenn er nur im Anschluss an die Ciceronianischen kleineren Schriften die Grundzüge derselben gelehrt wissen will; doch haben ja gewiss auch andere Schriften Anlass zu einer Unterweisung im logischen Schliessen gegeben.

γ) Realien des Altertums.

Ebenso wird dem Schüler durch die Lektüre von selbst die nötige Kenntnis des Altertums, seiner Sitten und seiner Geschichte zufallen. Doch soll der Lehrer auf die Erklärung der alten Namen, Würden, Ämter u. s. w., kurz auf die Realien besonderen Fleiss verwenden. Kenntnis derselben erleichtert das Verständnis der Schriftsteller, und dass das Interesse für den Unterricht dadurch

---

[1]) Z. B. Isidon. 21.
[2]) Isidon. 29.
[3]) German. 14.

wächst, wenn er so lebendige Anschauung vom Altertum gewinnt, ist Wimpheling klar.

δ) Geschichte.

Neben der Kenntnis der Geschichte des Altertums will er aber nicht minder die der Geschichte des eigenen Volks gepflegt wissen. Durch die Beschäftigung mit derselben glaubt er die Liebe zum Vaterland und die Bekanntschaft mit dessen Zuständen, mit seinen Feinden und Gegnern, sowie mit seinen Bedürfnissen am besten zu fördern. In dem Kapitel de annalibus[1]) der Germania erwähnt er es als eine Pflicht der Väter, den Söhnen die Geschichte der Stadt, des Landes und des ganzen Reiches, wie er sie in den Jahrbüchern aufzuzeichnen rät, zu lehren, und er verspricht sich davon auch eine Einwirkung auf das Gemüt der Jugend. Wir sehen, er erkennt den Wert des Geschichtsunterrichts für die Gemüts- und Herzensbildung der Schüler.[2]) — Nicht minder soll aber Geschichte auch in der Schule gelehrt werden. In dem Kapitel de gymnasio[3]) der Germania nennt er sie als einen Lehrgegenstand des von der Stadt zu gründenden Gymnasiums; er glaubt, dass sie Nutzen für die verschiedensten Berufsarten, die einst die Schüler ergreifen werden, gewähren werde, für den Geistlichen nicht minder wie für den Ritter und Ratsherrn. Gelehrt soll dieses Fach natürlich ebenfalls im Anschluss an den Lateinunterricht werden; dies zeigt schon der ganze Zusammenhang, in dem der Unterricht in der Geschichte erwähnt wird. Vielleicht hat sich Wimpheling sein Epitome rerum Germanicarum als Schullektüre gedacht, wozu sie ja wohl auch ganz geeignet war. Besonders aber empfiehlt er die Germania des Tacitus und den liber Augustalis, eine Geschichte der Kaiser, die ziemlich bis zur Zeit Wimphelings fortgesetzt war[4]), an einer andern Stelle[5]) nennt er auch Otto von Freisingen.

ε) Geographie.

Nicht minder sollen die Knaben auch in Geographie unterwiesen werden; sie sollen die Sitten der Alten und die Weise der Länder[6]) kennen lernen, ein Verständnis für die Kosmographie[7]), wie er in der Sprache seiner Zeit die Geographie nennt, bekommen;

---

[1]) German. 12.
[2]) German. 12, auch Adol. 7.
[3]) German. 15.
[4]) Isidon. 28.
[5]) Adol. 1.
[6]) Adol. 7.
[7]) Isidon. 28, Anfang.

natürlich soll auch das als ein Teil der Sacherklärung der Schriftsteller betrieben werden, für deren Verständnis diese Dinge nötig sind. Eine selbständige Stelle hat er auch diesen Fächern nicht zugewiesen, und darum können wir Bemerkungen über den Betrieb derselben bei ihm auch nicht erwarten.

ζ) Deutsch.

Noch bleibt zu erörtern, was Wimpheling über die Pflege der Muttersprache für Ansichten gehabt hat. Dass man beim Unterricht auf ihren Gebrauch nicht verzichten kann, ist schon erwähnt worden. Dass für den Gelehrten, den Gebildeten aber das Lateinische die Sprache ist, in der er seine Gedanken ausdrücken soll, ja bei der Beschaffenheit der Muttersprache allein recht ausdrücken kann, nämlich dem Inhalte angemessen, steht ebenfalls fest. Dennoch würden wir wohl nicht recht haben, wenn wir daraus den Schluss zögen, dass er nur Verachtung für dieselbe gehabt habe, einmal konnte es ihm als Geistlichen, als Prediger und Lehrer des Volks nicht entgehen, dass die Muttersprache ein wichtiges Mittel, ja das einzige Mittel bot, auf das Volk zu wirken, darum lobt er die Bestrebungen Karls des Grossen, der den Monaten und Winden deutsche Namen gegeben habe[1]), er lobt die Bestrebungen derer, die auch der Muttersprache eifrige Pflege angedeihen lassen[2]) und mahnt zur Fortbildung der deutschen Sprache.[3]) In seine Erörterungen über das Lateinische flicht er auch Bemerkungen über das Deutsche mit ein, so sucht er eine Reihe von Wörtern — allerdings zum Teil fälschlich — vom Lateinischen abzuleiten.[4])

Auch der studierenden, Latein treibenden Jugend will er die Beschäftigung mit der Muttersprache nicht wehren, wie hätte er sonst in seine Adolescentia[5]), dieser Anthologie aus lateinischen Schriftstellern, ein deutsches Gedicht eingefügt? Auch sonst hat er sich in deutscher Dichtung versucht.[6]) —

Dass der Unterricht so, indirekt allerdings nur, auch der deutschen Sprache und Kultur dienen soll und auch dient, ist sicher Wunsch und Absicht Wimphelings gewesen.

---
[1]) Isidon. 18.
[2]) Adol. 42, fol. XVI b.
[3]) Isidon. 18.
[4]) ibid. cp. 19.
[5]) Adol. 88.
[6]) Vgl. Geiger, Wimpheling als deutscher Schriftsteller. Archiv f. Litt. G. VII, 172 ff.

Schluss.

I. Stellung Wimphelings in der Geschichte der Pädagogik.

Werfen wir nun am Ende unserer Untersuchung noch einmal die Frage auf: Bezeichnen Wimphelings pädagogische Anschauungen einen Fortschritt in der Geschichte der Pädagogik? Die Beantwortung dieser Frage ist von der andern abhängig: Ist Wimpheling in den Anschauungen des Mittelalters befangen, oder inwiefern zeigt er schon die Einflüsse der neuen Zeit des Humanismus?

Zweifellos ist, dass Wimpheling in seinen Ansichten dem Mittelalter viel näher steht als etwa Erasmus oder Melanchthon. Zeigen diese ganz den Typus des wissensdurstigen Humanisten, so verbinden jenen noch eine Menge Fäden mit dem Mittelalter und dessen Idealen. Die Wissenschaft im Dienste der Kirche [1]), dieser Gedanke ist ihm selbstverständlich. Die Wertschätzung der nachklassischen, lateinischen Schriftsteller, das Festhalten an den Lehrbüchern des Donat und Alexander teilt er mit dem Mittelalter.

Daneben aber treten doch auch andere Gedanken auf. Neben die Empfehlung der nachklassischen Dichter tritt die der antiken, für die er mit grosser Wärme eintritt, nicht nur wegen ihrer Form, wie wir sahen, sondern auch wegen ihres Inhalts. Denn die Wissenschaft soll nicht nur der Kirche dienen, sie dient auch dem Staat, der Gemeinde, ja sie soll auch den Einzelnen freimachen, der Gedanke, dass die Beschäftigung mit dem Altertum nicht bloss Nutzen, sondern auch wahre Freude gewährt, liegt ihm nicht fern; die Wissenschaft macht den Menschen frei, indem sie ihn aus einem Barbaren zu einem Gebildeten macht. Natürlich

---

[1]) Adol. 29.
[2]) Isidon. 21.

weiss Wimpheling auch noch andere Vorteile der lateinischen Sprache zu rühmen. Was allen Humanisten so wichtig erschien, dass man dann Ansprachen bei feierlichen Gelegenheiten „an fremde Gesandte, Bischöfe oder Kardinäle, ja an den Papst selbst richten könne", erscheint auch ihm bemerkenswert[1]); nicht minder, dass man dann imstande sei, „einen Gastfreund oder vornehmen Fremdling zu empfangen, ihn mit wohlgesetzten, gefälligen Worten zu begrüssen und in gewählter Rede zu unterhalten".[2])

Gehört er so als Humanist doch immerhin noch einer früheren Periode der Entwicklung an, so ist er auch als Pädagog einer der Vorläufer des humanistischen Schulwesens.

Besonders seine Methode des Lateinunterrichts bezeichnet einen Fortschritt. Will er auch noch die alten Lehrbücher benutzen, so ist er sich doch der Schwächen derselben sehr wohl bewusst. Die Fehler des mittelalterlichen Schulbetriebs erkennt er mit scharfem Blick und er wirkt unermüdlich dahin, auch anderen die Augen dafür zu öffnen. Was uns jetzt selbstverständlich und ganz geläufig ist, das musste jener Zeit nicht bloss gesagt, sondern auch im einzelnen nachgewiesen werden. Der Nachweis, den er zu erbringen versucht, verrät seine Beobachtungsgabe, er weist die Verkehrtheit der alten Methode in genauer und feinsinniger Untersuchung nach. Wenn auch noch tastend und unsicher sucht er nach den Grundsätzen einer vernünftigen Unterrichtsmethode. Er kommt dabei, von psychologischem Instinkt geführt, durch genaue Kenntnis der Jugend und ihrer Eigenart unterstützt, auch zu einer richtigeren Anschauung vom Wesen der menschlichen Seele, ihrer moralischen und intellektuellen Anlagen. Damit beweist er sich als selbständiger Pädagog, der durch eigenes Nachdenken und gesundes Gefühl zu selbständigem Urteil gelangt ist. Freilich, vieles davon ist halb unbewusst, und in mancher Hinsicht ist Abhängigkeit von anderen nicht zu bestreiten. Die Lektüre älterer Schriftsteller aus der Renaissancezeit, besonders Petrarcas, hat ihn stark beeinflusst; aus ihr hat er mannigfache Anregungen empfangen. Daneben natürlich auch von den Alten. Cicero, Plutarch, Quintilian, die Lehrmeister der humanistischen Pädagogen sind ihm vertraut, und er reproduziert vielfach deren Ansichten. Dies braucht im einzelnen gar nicht erst nachgewiesen zu werden, zitiert Wimpheling sie doch an vielen Stellen. Eine derartige Abhängigkeit, die sich in ebenso ausgedehntem Masse auch bei Erasmus findet, der allgemein als ein selbständiger und bedeutender Pädagog geschildert wird[3]), kann Wimpheling unmöglich zum Vorwurf gemacht werden. Die Alten zum Beweise

---

[1]) German. 14.
[2]) Isidon. 16, gegen Ende.
[3]) Glöckner, S. 7. Tögel, S. 116 ff.

jeder geäusserten Meinung anzuführen, galt als so selbstverständlich, dass es geradezu aufgefallen wäre, wenn man es hätte vermeiden wollen. Es kann sich nur darum handeln, ob neben den aus den Alten entlehnten Stellen auch noch eigene Gedanken sich finden, und da meine ich, bleibt allerdings genug übrig, um Wimpheling Selbständigkeit zusprechen zu müssen.

Vor allem ist als eine selbständige Leistung die Einführung einer vernünftigen Unterrichtsweise für die Grammatik zu nennen; eine solche liess sich nicht aus Quintilian lernen. Allerdings hat Wimpheling hier Vorgänger; schon die Hieronymianer haben hier in ihren Schulen Wandel geschaffen.[1]) Wimpheling selbst hat bei einem, den man wohl zu den Ihren rechnen kann, bei Dringenberg, einen tüchtigen, nach verständigen Grundsätzen erteilten Unterricht genossen. Aber wenn er sich auch in seinem Isidoneus auf diesen beruft, so gehört doch die Ausführung über den Unterrichtsbetrieb im einzelnen ihm an, nicht minder die eingehende Begründung seiner methodischen Ansichten; auch das konnte er nicht aus dem Altertum lernen.

II. Seine Verdienste.

Wimpheling gehört also zu dem Kreise der oberdeutschen Humanisten, die die Arbeit der Hieronymianer fortsetzen und die neuen Gedanken verbreiten, indem sie ihnen vor allem Eingang in die niederen Schulen, die Vorbereitungsanstalten für die Universitäten, verschafften. Denn nicht die ersten Humanisten, wie Peter Luder, haben die humanistischen Studien in diese eingeführt. Diese unruhigen, wanderlustigen Poeten hatten weder Zeit noch Talent für die stille Arbeit des Lehrers an einer solchen Schule. Diese verrichtet zu haben ist das Verdienst Wimphelings und der von ihm angeregten oberdeutschen Gelehrten und Schulmänner.

Selbstverständlich kann sich ein Wimpheling nicht mit dem genial beanlagten Erasmus messen, nicht bloss an Umfang des Wissens und in Bezug auf die Vorzüglichkeit seines Lateins steht er ihm nach, sondern Erasmus ist ihm auch als theoretischer Pädagog weit überlegen, denn Erasmus denkt viel schärfer; er weiss seine Forderungen viel anschaulicher zu formulieren; er ist viel reicher an Anregungen der verschiedensten Art, er nimmt zum teil Resultate voraus, die erst von der modernen Pädagogik gewonnen worden sind; Wimpheling ist durchaus Praktiker, zu philosophischem Denken hat er wenig Anlage. Aber er hat ein gesundes natürliches Gefühl für das Richtige, eine genaue Kenntnis der jugendlichen Seele. Aus seinen Schriften spricht eine reiche Erfahrung als Lehrer, Begeisterung für den Beruf des Erziehers

---

[1]) Vgl. Cramer, bes. S. 279 ff.

und grosse Liebe zur Jugend. Sie lehrten ihn die wahren Bedürfnisse der Jugend auch ohne vieles Nachdenken kennen. Dass seine Wirksamkeit keine weitreichende gewesen ist, das erklärt sich aus den Zeitverhältnissen. Seine Bücher wurden anfangs viel gelesen, seine Adolescentia wurde oft aufgelegt und war eine Zeit lang jedenfalls viel benutzt.[1]) Die von ihm angeregten und zuerst ausgeführten Gedanken wurden bald Allgemeingut der Zeit, die Lehrbücher freilich, die er noch empfiehlt, Donat und Alexander, wurden bald fallen gelassen, und damit geriet wohl auch Wimphelings Isidoneus in Vergessenheit. Wimpheling selbst aber fiel frühzeitiger Vergessenheit anheim. Durch seinen Widerspruch gegen die Reformation erwarb er sich viel Feinde, man bekämpfte ihn, schmähte ihn; ja schliesslich vergass man ihn und seine Verdienste um das Unterrichtswesen und so erklärt es sich, dass für spätere Zeit keine Anregungen von ihm mehr ausgehen konnten, aber was jene spätere Zeit als etwas Selbstverständliches ansah: einen verständigen Betrieb des Unterrichts in den Vorschulen zur Universität, eine richtigere Verteilung und Darbietung des Unterrichtsstoffes, das hatte man zuerst und hauptsächlich von ihm gelernt.

[1]) Vgl. Wiskowatoff, S. 87, in Bezug auf den Isidoneus, S. 61.